中国地名史话

ZHONG GUO DI MING SHI HUA

徐兆奎 韩光辉 著

典藏版

中国国际广播出版社

图书在版编目（CIP）数据

中国地名史话：典藏版 / 徐兆奎，韩光辉著. —北京：中国国际广播出版社，2020.12（2025.4重印）

ISBN 978-7-5078-4784-0

Ⅰ.①中… Ⅱ.①徐…②韩… Ⅲ.①历史地名－中国 Ⅳ.① K928.6

中国版本图书馆CIP数据核字（2020）第239030号

中国地名史话（典藏版）

著　　者	徐兆奎　韩光辉	
责任编辑	张娟平	
校　　对	张　娜	
设　　计	Guangfu Design	张晖

出版发行	中国国际广播出版社有限公司［010-89508207（传真）］
社　　址	北京市丰台区榴乡路88号石榴中心1号楼2001
	邮编：100079
印　　刷	天津市新科印刷有限公司

开　　本	640×940　1/16
字　　数	150千字
印　　张	15.5
版　　次	2021 年 4 月 北京第一版
印　　次	2025 年 4 月 第三次印刷
定　　价	38.00 元

目　录

地名概述

　　地名是人类为便利自己的生产和生活而命定的地物或地域名称。所谓地物，既包括山、岭、河、湖、海一类的自然物，也包括人类建造、利用的一些人工物，如运河、道路、村落、城镇、矿山等。地域则是包括各类自然物与人工物的大小不一、类别各异的区域，包括政区、自然区以及林带、渔场、工厂、农庄等。这些地名所代表的区域是人们经常接触，甚至须臾不离的生活或劳动场所。因此，地名一出现，就与人类的社会生活结下了不解之缘。随着社会的进步和生产的发展，人们的接触与交往也在日渐频繁且不断加强，地名的使用也随之日益广泛，它涉及工、农、运输、贸易、民政、外交以及国防等许多部门；另一方面，在地名使用过程中，地名本身又不断地发生演变。这种演变既包括地名空间位置的变动，又包括地名含义、语词特征以及随时间的推移而发生的地名更易等。因而地名研究也就成为适应时代需要和社会要求的一项重要工作。

　　地名学是综合地研究地名的起源、含义、语词特征、演变和分布规律及其应用，且与历史地理学、地理学、历史学、民族学、人类学、语言学、地图学密切关联的一门独立学科。我国是一个历史悠久、幅员辽阔、人口众多的国家，不仅目前所使用的地名居于世界各国之首，而且历史上曾经使用过的地名和出现的地名著作之多，也是其他任何国家难以比拟的。自古以来，记录和研究地名的著作逐渐形成了地名学问，其主要研究内容和任务是：地名学的理论和方法论；地名的渊源和沿革，即地名的产生、含义和演变；地名的分类；地名的地理分布规律；地名学发展史；方言地名及少数民族语地名；国内外地名书写的标准化，其包括地名正名、正字、正音、地名罗马化、地名译写原则和译写方法等方面；地名档案的建立和地名信息的处理；地名工具书的编纂等。在地名学研究的这些主要内容中，除地名学发展史与地名渊源和沿革的研究之外，基本上均属于当今地名问题研究。而地名学发展史的研究是对地名学整个发展过程的研究，因此它属于理论范畴的研究和研究方法与研究成果的总结，这决定了这一研究具有一定难度。但另一方面，它更具有重要的理论价值和指导地名研究深入发展的实际意义。

地名一般包括两个部分，即通名与专名。所谓通名，即山、川、河、湖、郡、县、省、区一类的名称，显示出地名的类别；专名才是某一类别中地名的特称。有人把通名比作人们的姓，将专名比作人们的名，仅有姓难以识别其人为谁，单有名也会混淆不清。在习惯上将寄往安徽省蚌埠市的信写作"安徽蚌埠"也可以，可是寄往山西省大同市的信写作"山西大同"则不合适，因为除大同市外，雁北地区还有一个大同县，单写"大同"会造成邮递困难，所以这个通名不能省去。通名有时也会转化为专名，例如"浙江"是一条江名，"浙"是专名，"江"是通名，但在"浙江省"这个地名中，"省"是通名，"江"则是专名的一部分。又如"津市市"这个地名中，后一个"市"字是通名，前一个"市"字也是专名中的一部分。

我国目前的大小地名，大部分都有悠久的历史，这是因为1949年以后对于旧有地名可改可不改的一律不改。以县名为例，北京市所辖的八个县以及由县改区的房山，它们都有悠久的历史，其中昌平、平谷都可以上溯至汉代。上海市的九个市辖区县也都设立在1949年以前，所以它们既是当今地名，也是历史地名。所谓历史地名，应以1949年为界限，1949年前的地名也称旧地名，1949年后有变更的可称为曾用名，这样比较合适。

我国是一个多民族的国家。汉族以外的兄弟民族人数虽少，但分布的地区却相当广大，这些民族地区语言也相当复杂，有些地名可能还是更古老民族命名的残存，加上汉语古今也有变化，汉译也会有不少分歧，所以探索这些地名的工作十分艰巨，更需要历史学家、民族学家与语言学家们与地名工作者通力合作，担负起这项艰巨任务。

我国历史悠久，封建社会延续的时间很长。在改朝换代过程中，由于易代改名、换帝改名以及避讳改名等，地名的变化更加复杂，在分裂时期更会形成一地多名或一名多地的混乱情况。以徐州为例，如果加上东、西、南、北等方位词，可以多达数十处，北徐州北面会出现南徐州。与此类似的如豫州的西面却设置了东豫州。这种混乱情况令人难以捉摸，稍不慎重就会出现张冠李戴的错误。

地名是语言词汇，在书面语中都具有音、形、义三方面的内容。客观上"位"的内容也很重要，当然，位的内容也可以包括在义的内容之中。不过，在解释地名时未能确定其具体位置，则往往算是未得要领，可见位在音、形、义外，仍有单独列出的必要。在我国的历代政区中，同名甚至义亦类似的颇多，不用位来区别，则极易混淆。远的不说，即以清代嘉庆二十五年（公元1820年）的政区为例，同时并存的就有四个"新城县"：（1）直隶（今河北）新城县，治所在今新城县东南的新城镇；（2）浙江新城县，县治在今富阳县西南的新登镇；（3）江西省新城县（今黎川县）；（4）山东省新城县，治所在今桓台县西。如果加上清代前或清代后所设的新城县，还可以列出一大堆，如不用位来区别，则会纠缠不清，所以用位作为一项要素来区别地名还是必要的。

义的探索也很复杂。义的探索是指解释地名渊源、总结地名命名规律，例如早在汉初成书的《公羊传》记桓公九年（公元前703年）："京师者何？天子之居也。京者何？大也；师者何？众也。天子之居，必以众大之辞言之。"《谷梁传》文公九年（公元前628年）："京，大也；师，众也；言周必以众与大言之也。"并总结方位地名命名原则，"山南为阳，水北为阳"，开了地名渊源解释的先河。1949年后新设的一些市县，如黑龙江省的大庆市、山东省的东营市以及为纪念革命烈士所设的左权、靖宇、尚志、志丹等县，这些都是人所共知的。在古代地名中，前人也有解释比较清楚的，例如山西的闻喜、河南的获嘉，都是汉武帝巡行途中听到平定南越、捕获吕嘉的消息后新设的县。也有一些政区得名于一些山、川、湖、海等，这较容易理解，但很多却是古人未加解释或者尚有争议未有结论的。例如赤壁之战的"赤壁"就有好几种说法，甚至把苏东坡作赋的赤壁（赤鼻矶）也扯上，出现所谓"文赤壁"与"武赤壁"的说法。解释地名不能望文生义，这就是宋人沈括所说的"郢都白雪，误于郢州。东海二疏，误于海州（今连云港市西南）。""白雪"指阳春白雪，是古代高雅的名曲，即使是楚国郢都的人会唱的也不多。郢都在今湖北省江陵县的纪南城遗址，而宋代郢州则在今湖北省的钟祥市境，与郢都并非一地。"二疏"指汉代学者疏广与疏受，他们叔侄俩是东海郡兰陵县（在今山东南部）人，宋代学者乐史（《太平寰宇记》的作者）在海州境内发现两座古墓，认为是二疏的墓，这些都是将古代不同地名混为一谈的错误。总体来看，总结地名命名原则、解释地名渊源是我国传统地名学的主要研究内容之一。据陈桥驿研究，北魏郦道元的《水经注》解释渊源的地名达 1052 处，可分为自然地理地名和人文地理地名，包括 24 类。唐代李吉甫

《元和郡县图志》对 931 处地名作了渊源解释，释名率达 19％以上，也分为自然地名和人文地名两部分，总计也有 24 类。明代郭子章《郡县释名》对 1400 余个政区地名作了渊源的解释，同样涉及自然地理和人文地理 20 多个方面的内容。[①]

在地名中，字形的复杂性曾给人们带来许多困难。1949 年以后，有关部门曾经对一些生僻字、繁体字进行了简化，例如：陕西的盩厔县、鄠 [hù 户] 县、醴泉县、邠县、鄜县、沔县、汧阳简化为：周至县、户县、礼泉县、彬县、富县、勉县、千阳。又如青海的亹 [mén 门] 源简化为门源，江西的雩都简化为于都等。可是在翻阅古籍时，难免还会遇到。此外，古籍中还有许多异体字，有些常用的繁体字非常繁琐，还有些字笔画并不多，如沫 [mò 末] 与沫 [mèi 妹]，汜 [sì 巳] 与汎 [fàn 泛]，都是水名，两组字都是相差无几，可是就难以分清。

在汉语中，地名读音往往与字形有关，所谓不认识的字，往往是指不识其形，当然也就难读其音，上述一些不常见的、简化前的地名就是如此。不过也有些常见的字在用作地名时不按通常读音，这确是值得注意的事。例如：浙江省天台县与天台山的"台"读 [tāi 胎]，山西省洪洞县的"洞"读 [tóng 同]，江西省铅山县的"铅"读 [yán 沿]，广州市属区番禺的"番"读 [pān 潘]，河南开封市繁

---

① 华林甫：《中国地名学渊源源流》，湖南人民出版社，2002 年。

塔的"繁"读［pó 婆］，等等，这些可能与古音的残存有关。还有一些地名用字是一字多读音的，例如"堡"字有的读［bǎo 宝］，有的读［bǔ 补］，有的读［pù 瀑］。广东黄埔的"埔"读［pǔ 普］，大埔的"埔"读［bù 布］。两广一带"墟"字地名简化为"圩"［xū 须］后，和江淮一带"圩"字地名中的"圩"［wéi 围］字又混淆了。我们这个文明古国，地名问题的复杂性可能也高居世界首位。

地名虽有大小不同的差别，但对地名工作者来说，即使是很小的地名，认识也要正确无误，否则就会造成很大损失，例如新疆境内有个火车站与辽宁境内一个新设的火车站同名，由沈阳某厂发往这个新车站的一车皮器材，却错发往新疆，发觉后又由新疆运回辽宁，试想这该是多么大的损失。又如一艘轮船在海上触礁，发出求援信号，但救援者查不到出事地点的名称，又如何进行营救。

本书讲的都是历史上的一些重要地名的形成和演变。

第一章　远古及先秦时期的地名

一、传说中的两个最早的地名

关于地名的形成过程，著名历史地理学家侯仁之曾这样写道："在原始公社时期，人们对于其生活的地区，必须有一定的认识才能生活下去。最初，他们必须知道到什么地方去捕鱼，什么地方去打猎，什么地方去采集作为食物的果实和块根等。这就是历史上所说的渔猎时代。其后，到了新石器时代的晚期，随着畜牧业和农业的萌芽，又从一个地区的停留生活相对地定居下来，这就要求他们对自己所居住的周围环境，更加熟悉更加了解。他们不但要知道水泽的分布、地势的起伏等，还必须知道气候的特征以及地方的种植的可能性，他们不但要能辨别方向，而且还要计算路程。"[1] 在这里，他虽然未提及地名，但客观地描述了地名萌芽与产生的过程。

---

[1]　侯仁之：《中国古代地理学简史》，科学出版社，1962年。

伴随早期人类的生产活动，首先出现的是对地理事物作详细描述的描述性地名。在中国农业文化地区已很难找到描述性地名的实例，但在中国少数民族地区和国外还可以见到。例如在蒙文中音译"呼和浩特"，本意是指"青色的城"；在国外，音译"撒哈拉"，本意是"被太阳晒焦、植物稀少、无生机的旷野"，都为描述地名的典型例子。随着人类生产活动地域的扩大和生产活动内容的丰富，便逐渐积累了大量这类描述性地名。早期文字的萌芽，为那些可用语言表述、停留在口头上的描述性地名用文字记载提供了可能性。但由于描述地名结构的复杂性又给文字记载造成一定困难，这必然提出了简化描述性地名以反映地理事物主要特征的客观要求。历经长时期的发展，在文字正式出现前后便自然地出现了便于文字注记的简化地名。简化地名用极为简洁的文字记载，一般只反映特定地理实体的一两个主要特征，即专名与通名相组合的特征，如"阪泉""泗水"等。按我国最早的两个传说地名"涿鹿""阪泉"推算，简化的地名大约出现在距今 4000 年以前。

在父系氏族公社时期，部落之间以及部落联盟之间，经常发生掠夺战争。传说黄帝和炎帝两个部落联盟曾经战于阪泉之野，原因是炎帝侵凌诸侯，引起黄帝的不满。蚩尤则是远来的入侵者，凭借武力，大举进攻黄帝，结果涿鹿之战，以失败而告终。

涿鹿和阪泉可以说是我国历史上留下来的两个最古老的传说地名。到汉代设有涿鹿县，在今河北涿鹿县城东南的古城，阪泉则在古城的南面。现在古城还保存着城垣的残迹，东侧矾山镇西还有一条蚩尤泉水，和阪泉平行，北流汇为涿水（今称清水河），流向东北，是今天官厅水库的水源之一。古城北面有东西走向的桥山，是传说中黄帝的葬地，也就是所谓黄陵的所在。当然古人迷信，认为黄帝已登天界，这里所葬的只是他的遗物，古人称之为"衣冠冢"。可是在东汉人所著的《汉书》中，却将桥山记载在上郡的阳周县下，说"桥山在南，有黄帝冢"。冢即坟墓，阳周县在今陕西省北部子长市西北的白于山麓。北魏时期改在今陕西、甘肃边境上的子午山麓设立阳周县，隋代改名为罗川县，唐代又改称为真宁县，到清代又改县名为正宁县，其东面为中部县，两县分处子午岭两侧的麓地上。唐朝人所编写的《元和郡县图志》说："子午山亦曰桥山，在（真宁）县东八十里，黄帝陵在山上，即群臣葬衣冠之处。"以后在明、清时期的地理志中，又把桥山放在中部县下叙述，《明史》说："中部北有桥山，亦曰子午岭。"《清史稿》说，中部（县），"城北：桥山"，祭祀活动也在这里举行。1776年（清乾隆四十一年）陕西巡抚毕沅还在这里立了一块"古轩辕黄帝桥陵"的石碑。1944年中部县改名黄陵县，桥山、黄陵这两个名字，以后就定下来了。

以上的一些叙述，并不是为了考证黄陵的真正所在地，那时还处于部落联盟时期，国家还未出现，更谈不上什么都城问题。司马迁在《史记》中说得很清楚："黄帝居轩辕之丘，邑于涿鹿之阿，迁徙往来无常处。"这应该是当时的

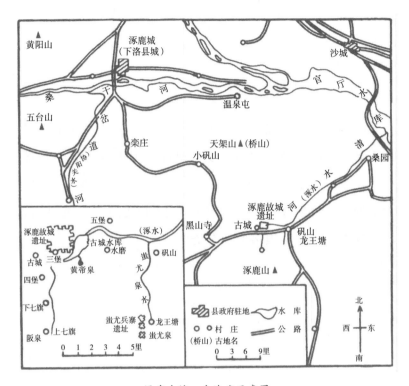

涿鹿古迹、古地名示意图

实况。此外，古人们还说了不少关于古都的事，例如"伏羲氏都陈（今河南淮阳），后迁曲阜（今山东曲阜市），颛顼〔zhuān xū 专须〕都帝丘（今河南濮阳市），尧都平阳（今山西临汾市附近），舜都蒲阪（今山西永济西）"，等等。那时奴隶制国家还未正式建立，所谓都城不过是后来学者们以今例古的说法而已，都是不足为据的。

所以这一节的叙述，除了介绍两个口头流传的最古老的地名外，也谈到历史上一些有转移，甚至有多次转移的地名，这也是地名复杂性的一个例证。因此，当我们接触地名时，也应把空间上的位置变化与时间上的年代推移结合起来，这样才可避免讹误。

二、刻在龟甲兽骨上的地名

涿鹿、阪泉是先民们流传下来、后经记载的两个地名，真正见于当时记载的地名则以奴隶社会的殷商王朝为最早。那时还没有纸张，也没有布帛，卜辞文字是刻在龟甲或兽骨上的。这些刻字的龟甲、兽骨实际上就是当时王室的档案，其中当然包括很多的地名资料。

甲骨文	今文
	鸡麓
	麦麓
	洹泉
	岳
	东人
	虎方
	人方
	周

甲骨文中的地名

自从清末在今安阳小屯一带（即殷墟）发现甲骨后，人们又在河南其他地方以及陕西、山东、河北等一些地方陆续有所发掘。仅安阳及其附近地区估计即有 10 万片被发现，其中一部分已流落海外。1965 年出版的《甲骨文编》所收已识和未识的字达到 4672 个。据陈梦家估计，"卜辞中所记载的地名约在 500 个以上"（《殷墟卜辞综述》），其中，有商代的都城地名和不少方国地名。

　　周本来也是殷的附庸国，因为受到北狄的侵扰，由今陕西彬州市一带南迁到今陕西的岐山和扶风间的周原地区。近些年来在这里也发现了大量甲骨与铜器，后来周又先后迁都于丰和镐［hào 浩］，终于灭了殷商，建立了周王朝。

　　周原出土的甲骨与青铜器都较殷商时期有很大进步。

三、铸在青铜器上的地名

　　随着社会生活的发展，中国文明史至商周时期进入"青铜时代"。青铜时代甲骨卜辞日渐减少，新出现了铭刻在青铜器上的文字。由于青铜器体积较大，铭刻其上的文字可以多达几百个字（如著名的毛公鼎的铭文已多达 497 个）。商周时期的青铜器分礼器和乐器两大类。其中礼器以鼎最多，乐器以钟最多，所以"钟鼎"成为先秦青铜器的代称，青铜器上的文字便叫"钟鼎文"，又称"金文"。这些铭文横竖成行，相当齐整，看起来也很醒目。当然这些铭文中地名也相应地增多了。

金文	今文	金文	今文
古 倉 米 邦 郘	古 京 朱 邑 邵	共 半 戈 王 洛	邢 郯 吴 江 洛

金文中的地名

四、商周时期的方国与封国地名

商周时期除商、周王朝之外，在其周边地区还形成了
大大小小的方国。同时，商尤其是周王朝还存在通过分封
其同姓亲属及功臣而建立的封国。在古代文献及考古发现
的甲骨卜辞和铜器铭文中，除有商周都城及地方地名的记
录之外，还有商周时期许多方国及封国地名的记录。商人
自始祖契至汤十四世，迁都达八次之多；汤灭夏桀，建立
商朝奴隶制国家，建都于亳，至盘庚迁都于殷之前又有五
次迁都。按其迁徙方位出现了南亳、北亳、西亳、燕亳等

都邑地名。盘庚迁殷之后，商人都邑名殷，才固定下来。在其四周的方国，按丁山（1901—1952，著名史学家）《殷商氏族方国志》说，有40多个，如犬、鬼方、羌方、夷方、周方、土方、召方、盂方、人方等。

在周王朝兴起和发展的过程中，曾先后有岐下、程、丰、镐、槐里等都邑地名。其中岐下为周之太王所居，文王迁都于丰，武王迁都于镐。同时，在周武王灭商的过程中，征伐者有99国，臣服者有652国（《逸周书·世俘解》），总计751国，与《史记·周本纪》武王盟津之会，诸侯不期而会者八百，基本一致。其中当包括原属殷商的封国和方国，只是因史无记载，其名称已难以确指。在武王灭商之后，始分封诸侯，赏赐人口土地，建为封国，如封神农之后于焦，黄帝之后于祝，帝尧之后于蓟，帝舜之后于陈，大禹之后于杞。此外，封功臣谋士师尚父于营丘，曰齐；封弟周公旦于曲阜，曰鲁；封召公奭〔shì 式〕于燕；封弟叔鲜于管；封弟叔度于蔡等。成王即位，管、蔡为乱，周公平定叛乱，"封建亲戚以蕃屏周"，"立七十一国，姬姓独居五十三人"（《荀子·儒效篇》），其中包括管、蔡、郕〔chéng 城〕、霍、鲁、卫、毛、聃、郜〔gào 告〕、雍、曹、滕、毕、原、酆〔fēng 丰〕、郇〔xún 旬〕、邗〔hán 含〕、晋、应、韩、凡、蒋、邢、茅、胙、祭等（《左传》僖公二十四年）。据清初著名学者的综述，"禹会诸侯于涂山，执玉帛者万国。成汤受命，其存者三千余国。武王观兵，有千八百国。（平王）东迁之初，尚存千二百国"。此后，诸侯更相吞灭，其见于春秋经传者，凡百有余国，而会盟征伐，有章可纪者，约十四君：鲁、卫、齐、晋、宋、郑、陈、蔡、曹、许、素、楚、吴、越；其子男附庸之属，计达113国，而参错于列国间的九州夷裔又有戎蛮、鲜虞、无终、山戎、北狄、淮夷等（《读史方舆纪要》卷一）。由于商周时期大量封国与方国的存在，出现了大量与这些古国或其都邑相联系的地名。其中的许多地名一直沿用至今，某些地名历经沿革变化，也对后世地名产生了重要影响。

五、春秋战国时期的郡县地名

春秋时期众多诸侯国开始相互攻伐侵吞，强并弱，大灭小，始见于春秋文献者120余国；至战国时期，仅剩下七国，史称"战国七雄"。在这一过程中出现并形成了作为地方行政区划的郡县及郡县地名。

春秋初年，楚、秦、晋等强大的诸侯国首先在新开拓兼并的土地上置县，打破并取代了原有封土食邑的陈规旧制，加强了君主集权和地方治理，这显然是一种进步。县的设置，最早出现于西部的秦国和南方的楚国。据《史记·秦本纪》："武公十年（公元前688年），伐邽［guī 归］、冀戎，初县之；十一年，初县杜、郑。"放马滩出土的古地图上就记载了"邽县"，到商鞅变法，秦国一次设县31个（《史记·商君列传》）。根据徐少华教授的研究，春秋时楚国设县共30个。[①]

---

① 徐少华：《周代南土历史地理与文化》，武汉大学出版社，1994年。

春秋楚县建置表

时期	县名	今地	时期	县名	今地
武王	权 那处	湖北宜城县南境 湖北荆门市东北	灵王	陈 蔡 东不羹 西不羹 白 叶 许（夷）	河南淮阳县 河南上蔡县 河南舞阳县东北 河南襄城县东南 河南息县东北 河南叶县南 安徽亳县东南
文王	申 息	河南南阳市 河南息县西南			
成王	商	陕西丹凤县西			
穆王	期思	河南固始县东北			
庄王	庐 成 析 沈 吕	湖北襄樊市西南 河南宝丰县东 河南西峡县东北 安徽临泉县 河南南阳市西	平王	棠 巢 钟离	河南西平县西 安徽六安市东北 安徽凤台县西
共王	郧 湖阳	湖北钟祥县北 河南唐河县南	昭王	武城 蓝	河南南阳市北 湖北钟祥县西北
春秋中晚期	上都 邓 上庸	河南西峡县西 湖北襄樊市西北 湖北竹山县西	惠王	江南 阴	? 湖北老河口市北

其中，权县是楚武王灭权国置县，即取名权县，为春秋创置的第一县。至春秋后期，各诸侯国才把县制逐渐推行到各自内地，即所谓王畿为县，而在新兼并的边远地区置郡，其面积较县大。但因其地处边远，地广人稀，地位反比县低，所以晋赵简子说："克敌者上大夫受县，下大夫受郡（《左传·哀公二年》）。"至战国时期，随着边地的开发与繁荣，才在郡下析置若干县，形成郡、县二级政区制。战国时期，各国基本上均推行了这种行政制度，北方的燕

国将境土划分为上谷、渔阳、右北平、辽东、辽西五郡，郡下亦置有县。至秦统一六国（秦始皇元年，公元前 221年），"分天下以为三十六郡"，最终在全国确立了郡、县二级制，且从郡辖县。郡县建置的结果是出现了一批郡县政区和城市地名，丰富了地名的内容。

六、先秦货币上的地名

史学界常把秦统一以前的一段漫长时期称为先秦。先秦时期由于农业、手工业包括冶炼业的发展，商业与城市随之日趋繁荣，作为交换媒介物的贝已经不能满足需要，因而开始出现金属的货币。其形式在周、秦多为圆形的钱，中间有孔。赵、韩、魏的货币多为铲形的"布"（"镈"的假借字），有空首布、平首布、尖足布、圆跨布等多种形式。刀形币多通行于燕、齐及赵等国。在这些刀、布币上多有各处地名，如各类布币上有"东周"（今洛阳一带）、平阴（今山东平阴）、晋阳（今山西太原）等地名。楚的货币以爰和蚁鼻钱比较著名，爰为小块的金饼，一大块可以分为许多小块，又称"饼金"，在郢都（今江陵附近）铸造的称"郢爰"，后来迁都于陈（今河南淮阳），所铸造的称"陈爰"。蚁鼻钱则为一种辅币，很像贝形。这些钱币上的文字，也成为我们研究古代地名的线索之一。

七、战国秦图中的地名

作为地名载体的地图，在中国古代起源甚早。1986 年在甘肃天水市东南放马滩出土的绘在四块松木板上的七幅地图，是目前我国所存的最古的地图，其绘制时间根据同时出土的竹简所记，应在秦王政（始皇）八年（公元前239年）以前，距今已有2200多年。字体为秦篆，内容以河流为主，并有山脉、道路、关隘、聚落、森林等注记。其聚落注记外加方框。不过大都是一些小的地名，难以确定在今何地，有的字迹模糊，不易识别。根据其中有"邸"字，竹简上也有"邸丞"字样，有人认为应是后来的氐道，在今天水市西南与南部一带[①]。也有人认为应是秦国天水放马滩秦墓地图邽县（上邽）一带的地图[②]。图中水系多在今渭水以南，大部属于今嘉陵江上游水系。不过河流、道路与

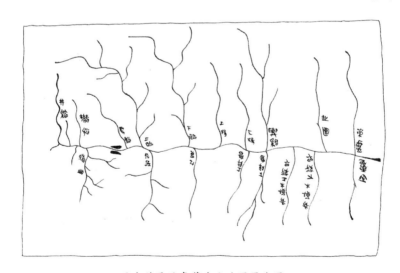

天水放马滩秦墓出土地图墨线图

① 曹婉如：《有关天水放马滩秦墓出土地图的几个问题》，《文物》，1989年第12期。

② 何双全：《天水放马滩秦墓出土地图初探》，《文物》，1989年第2期。

分水岭都用单曲线表示，不易分辨。其方向为上北下南，与今天一致。七幅图有六幅画在木板两侧，其中一幅仅绘少许局部图形，一幅图为总图，其余五幅则为分图。有的图不仅注明树木种类，还记载采伐情况。图中称关隘为"闭"，有些地名难以猜测，但有些通名如豁（溪）谷、田、里等，至今仍在沿用。

八、《禹贡》等书中的九州及"地名"术语的出现

先秦时期还出现了两本著名的地理作品，即《山海经》与《尚书》中的《禹贡》。《山海经》中虽然记载地名多达1100个，但有的难于稽考，甚至近于荒诞，其价值在《禹贡》之下。而《禹贡》是我国地理学中的宝典，所记地名虽仅约110个，但其记述的地名对后世地名影响深远，其中绝大部分可以确指今为何地。

《禹贡》把当时的境域划分为九个部分，称为九州。这九州的名称为冀、兖、青、徐、扬、荆、豫、梁、雍。后来九州被认为是禹平水土后所划分的行政区划。九州的名称也见于其他书籍，如《尔雅》在"释地"中也提到九州的名称；《周礼》在"职方"一节中，不仅列出州名，还简述了山川、居民与物产等；在秦统一前不久编写的《吕氏春秋》中"有始览"一节里，既列出州名，还和列国进行对比，现将各书中九州名称，列表对比如下：

先秦史籍中的九州名称

书名	九州名称
《禹贡》	冀　兖青徐扬荆豫梁雍
《尔雅·释地》	冀　兖　徐扬荆豫　雍幽营
《周礼·职方》	冀并兖青　扬荆豫　雍幽
《吕氏春秋·有始览》	冀　兖青徐扬荆豫　雍幽

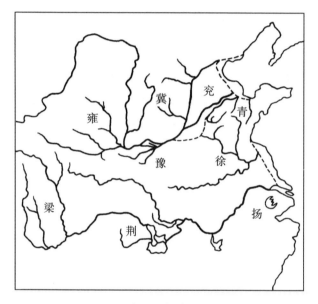

《禹贡》九州图

　　其中有六州各书皆同，不同者《尔雅》缺青、梁二州，多幽、营二州；《周礼》缺徐、梁二州，多幽、并二州；《吕氏春秋》缺梁州，多幽州。各书叙述繁简不一，以兖州为例，《禹贡》说，"济河为兖州"，《尔雅》说，"济河间曰兖州"。这里河指黄河，古代黄河在今郑州西北即转东北流，在今天津附近入海，济河的一部分已成为今之黄河。

河东则指古时的黄河下游以东，所说都是一致的。既然以一些自然实体作为划界依据，说它们是自然区划还是比较合理的。至于《吕氏春秋·有始览》所说，"兖州，卫也"，"冀州，晋也"，"徐州，鲁也"……实际上卫、晋、鲁等这些国家在《吕氏春秋·有始览》写作时，已不存在，说是当时的政区也不合适。如此，也易使人产生误解，认为《禹贡》说的是夏制，《尔雅》说的是商制，《职方》说的则是周制。实际上州成为政区则是迟至汉代后期的事。后来九州又成为"全国"的代称，并一直流传下来。

《禹贡》记述的地名大体上可以划分为三部分：人文地理实体地名，除上述地理区划的九州名外，还有三个属国地名，共12个；自然地理实体地名，即山和水，包括河流、湖泊、海洋名，共82个；泛指地名，14个。自然地理实体地名占绝对多数。值得今天注意的不仅仅是这些地名的本身和数量，更重要的是这些地名的特点及其对后世的影响。

《禹贡》地理区划的通名"州"至汉代演变为中央集权封建国家的行政区划名的通名。在汉武帝创设的十三个监察区域中，有冀、豫、徐、兖、青、荆、扬等七个州的专名来源于《禹贡》。至东汉，"州"开始成为中国封建社会使用的行政区划的通名，只是以后各个朝代州的等级规模不尽相同罢了。直到今天，《禹贡》九州中的专名冀、豫仍为河北、河南两省的简称，而徐、兖、青、扬、荆仍为中国现代城市或地区的专名。而不少自然地理实体地名也一直沿用至今。山如河北的碣石，山东的岱、蒙、峄、陪尾，河南的桐柏，晋冀边界的太行等；水如洛、卫、淄、泗、渭、东海、南海等。

《禹贡》记载自然地理实体地名占绝对多数的事实充分证明，古代地名来源于人们的生产活动，来源于人类对环境的认识，并且深刻地反映了人类社会初期对自然地理环境的强烈依赖。

《禹贡》等古代文籍大都文笔简练，所提到的一些地名往往缺少必要的解释，所以长期以来，不少地名引起学者们的争议。例如"三江"究竟是指长江的三段，还是指下游的三条入海通道。云梦泽究竟是一个泽还是两个泽的合称，其位置及范围又在今天的何处。至于黑水、碣石等后来也都论述纷纭，莫衷一是。

先秦时期，除上述的《山海经》和《禹贡》之外，先后出现的《诗经》《管子》《吕氏春秋》《尔雅》等著作均有关于地名的记载。这些著作对地名的记载，或侧重于论述地域划分、地名命名原则、解释地名的含义与来源，或侧重于论述地名用字和地名分类等问题。如产生于西周初至春秋中的《诗经》已总结出了大量的地名通名：山、陵、巘、冈、丘、阜、川、谷、原、洲、泽、沼、涧等。《诗经》方位词东、西、南、北、中、上、下等，又极大地丰富了方位地名。《小雅·十月之交》则记载了因雷雨造成滑坡引起的地形变化：百川沸腾，山冢崒崩，高岸为谷，深谷为陵。春秋战国出现、完成于汉代的字书《尔雅》与地名关系较密切的篇目，有"释地""释山""释水""释丘"等，解释专名和通名的达 230 余处。

尤其值得注意的是，这个时期"地名"术语的出现。"地名"术语应该是在积累了大量具体地名之后，为便于类分和概括提出来的。最早有文献记载的是战国时代成书的《周礼·夏官》（又称《周官》或《周官经》）："邍［yuán 原］师，掌四方之地名。辨其丘陵、坟衍、邍隰［xí 习］之名。"可见"地名"术语和地名管理在中国至晚出现在 2500 年以前。如果考虑到《周官》记载的是周代官制，"地名"一词出现的时间当向上推移到西周初年，距今约 3000 年。

随着地名数量的增加和地名知识的积累，出现了对地名命名规律的研究。这首先是战国齐人公羊高撰、汉初成书的《公羊传》。《公羊传》又称《春秋公羊传》或《公羊春秋》，是专门阐释《春秋》的儒家经典之一，是研究战国及秦汉间儒家思想的重要资料。战国鲁国人谷梁赤撰、成书于西汉的《谷梁传》又称《春秋谷梁传》或《谷梁春秋》，也是专门阐释《春秋》的儒家经典之一及研究战国秦汉间儒家思想的重要典籍。当时，《谷梁传》亦提到了"地名"术语，称"眛［mèi 妹］，地名也"；"越，盟地之名也"。作为地物或地域名的具体地名与"地名"术语的出现，为研究地名的来源及其沿革变化奠定了基础。

人们在总结某些地名来源及地名地域分布规律的基础上，提出了"山南为阳，水北为阳"，以及"名从主人"（《谷梁传》）和"上平曰原，下平曰隰"（《公羊传》）的地名命名规律。此外《公羊传》还首先客观地解释了京师地名的渊源："京师者何？天子之居也。京者何？大也；师者何？众也。天子之居，必以众大之辞言之。"《谷梁传》也说："京，大也；师，众也；言周必以众与大言之也。"《公羊传》和《谷梁传》开了周代京师地名渊源解释的先河。

第二章　秦汉时期的地名

一、秦郡、长城与驰道等地名

秦始皇灭掉六国，都于咸阳（今陕西咸阳市东），建立起中央集权的强大国家。他将三皇五帝的名号合而为一，自称为"始皇帝"，希望秦王朝千秋万代一直延续下去。

在行政区划方面秦在全国推行郡、县二级制，命定并出现了一批重要的郡县地名，形成了全国性的地名网络。先是灭六国后，分全国为 36 郡，以后又增加闽中、桂林、南海、象郡等，凡 40 郡，这是《晋书·地理志》的说法。后来许多学者加以考证，又有 46、48、49 或 51 郡等说。郡下设县，凡 800 余县。郡、县通名在我国延续时间很长，其中郡作为政区地名的通名，存在了 1000 余年；而县作为政区地名的通名直到今天仍在沿用，可见其源远流长。

明末清初的学者顾炎武曾说："以为废封建、立郡县皆始皇之所为也，以余观之则不然。"（《日知录·郡县》）他

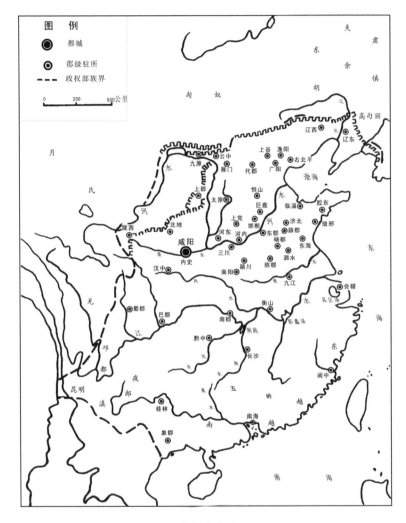

图例
- 都城
- 郡级驻所
- 政权部族界

0　250　500公里

夫
余
胡
慎
高句丽
匈奴
月
氏
东
辽西
辽东
上谷　渔阳
云中　代郡　右北平
九原　雁门　广阳
上郡　恒山　勃海
太原　巨鹿　临淄　胶东
陇西　上党　邯郸　济北　琅邪
北地　河东　河内　东郡　薛郡　东海
咸阳　内史　三川　砀郡
汉中　南阳　颍川　陈郡　泗水
蜀郡　巴郡　南郡　九江　衡山　会稽
黔中　彭蠡泽　具区泽
夜郎　长沙
昆明　滇　五　岭　越　闽中
桂林　南　越　南海
象郡
羌
邛都
江
南
海
东
海
南　海

秦郡分布图

列举出春秋战国时期已经有了郡和县的名称，认为秦始皇
不过是推行郡县，而不是创建郡县。先秦时期各国实行的
仍然是分封制，但已有了郡县制的萌芽。那时郡与县的范
围各国大小不一，县的地位甚至比郡还高，即前述《左

传·哀公二年》引赵简子说："克敌者上大夫受县，下大夫受郡。"秦统一后则以郡统县，废除了过去的分封制，在中国历史上第一次建立了统一的中央集权制的封建国家。

秦郡可以分三类：一部分是承袭统一前已设而统一后未变的，如上谷、渔阳、右北平等郡；一部分是新析置的各郡，如分琅邪郡置胶东郡，分薛郡置东海郡等；三是随领土扩展而新置的郡，如闽中、桂林、南海等郡。秦郡名称一部分沿用过去的国名、族名等，例如：齐、陈、代以及巴、蜀等，一部分则与自然实体有关，例如与水有关的三川、九江、泗水等，与山有关的会稽、衡山、陇西等，与海有关的东海、南海等。汉代所记秦郡也有缺略，今北京在秦时属于广阳郡则见于其他书的记载，可补上这一缺略。

值得注意的是，随着秦王朝确立郡、县二级政区制，出现了郡县衙署同治一城的现象。这种城市一般以一级政区即郡名为地名，而县被视为附设于郡治城市中的下属行政单位，因而被称作附郭县。附郭县随着郡县同治情形的增加不断增加，秦代出现了40余个，西汉则增加到100余个。后来还在国都城市或某些地势要冲、规模较大的一级政区治所城市中设置双附郭县甚至三附郭县，即在州郡或路府治所附设了两个或三个县治。

秦始皇不仅在全国推行郡县制，而且为了加强集权统治，还大搞交通、水利与防务等巨大工程，在我国历史上出现了驰道、直道、郑国渠、灵渠和后来所称的万里长城等一些新的地名。

《汉书》记载"秦为驰道于天下，东穷燕齐，南极吴楚……道广五十步，三丈而树"，这是专供皇帝出巡时所用的道路，汉代也曾继续沿用。直道则是为了边防，由首都咸阳通到今内蒙古河套地区，劈山填谷，长1800里，以道路较直而命名。至于长城则如《史记·蒙恬传》所言："起临洮（今甘肃岷县），至辽东，延袤［mào 冒］万余里。"这里辽东是泛指，实际不仅过了辽河，还到了鸭绿江边，比明长城偏北偏东，这是当时世界上最大的建筑工程。

郑国渠在咸阳北面，凿于始皇元年（公元前246年），灌田四万顷，"秦以富强，卒并诸侯"（《史记·河渠》）。后进军岭南，又于始皇二十八年（公元前219年），开凿了灵渠以运粮、械。灵渠沟通湘、漓二水，联系了长江、珠江两大水系。它和郑国渠以及较早的在秦昭王时由李冰兴修的都江堰，合称为秦朝三大水利工程。它们为兼并六国、建立统一王朝，提供了物质基础，也由此增添了水利工程地名。

二、西汉的都城、王国、侯国、州、道与西域

汉初刘邦立都关中，遂建宫殿、筑城池，取名长安。古代文献记载，长安城周长60里，当代考古学实测周长25公里。这是一个城墙高3丈5尺，下阔1丈5尺，上阔9尺，"城下有池周绕，广三丈，深二丈，石桥各六丈，与街

相直"的大城。城内除长乐、未央、北宫、桂宫、明光等宫殿外，还规划建设了"长安城面三门，四面十二门"，东面宣平门、清明门、霸城门，南面覆盎门、安城门、西安门，西面章城门、直城门、雍城门，北面横城门、厨城门、洛城门和"八街九陌"（即城市主要的街道）。汉代南北向的街道称"街"，东西向的街道称"陌"。有文献记载，有香室、华阳、章台、夕阴、尚冠、藁街、太常和城门街及闾里和九市。九市"六市在街东，三市在街西"，包括东市、西市、直市、酒市、柳门市、交门市等。据《三辅黄图》记载："长安闾里一百六十，宫室栉比，门巷修直。"一百六十闾里见于记载的有宣明、建阳、昌阴、尚冠、修成、黄棘、北焕、南平、大昌、戚里、陵里、函里、高都、外杜、穷里。西汉建都长安，规划建设了宏伟的都城，形成了大大小小的地名以及城市地名体系。

西汉实行郡国并行制。统治者以为秦的速亡是由于废分封改郡县，使王室形单影只，以孤立无援而告终，所以立国以后，在继承郡县制外，又设立了一些与郡平行的王国，当然有些王受封后并不安分守己，以吴王刘濞为首的"七国之乱"就一度危及朝廷的安全。在平乱以后，西汉对诸侯王权作了很多限制，后来王国的实权抓在由中央委派的相的手里，所以郡与国所差不多，使中央集权制得以巩固。根据西汉平帝元始二年（公元 2 年）统计有郡八十三，国二十，即所谓"百三郡国"；郡辖县共计 1587 个。

秦汉国家统一，众多县名中难免出现重名现象，西汉解决的办法，是在县名前面加上东、西、南、北、上、下、内、外、新等字。例如应劭注《汉书·地理志》说，京兆尹下邽县，"秦武公伐邽戎，置有上邽，故加下"；注魏郡内黄县，"陈留有外黄，故加内黄"。与县级平行、依《汉书·百官表》的记载还有侯国，为列侯的封地。侯只食租税，不治民事，其长官为侯相，也由朝廷任命，所以侯国和县也相差不大。

此外，县有"蛮夷"的则称为"道"，多分布在西北与西南地区。如陇西郡的氐道（今甘肃礼县北）、羌道（今甘肃舟曲附近），安定郡的月氏［zhī 之］道（今甘肃固原西南），北地郡的义渠道（今甘肃合水西），广汉郡的刚氐道（今四川平武县）、甸氐道（今甘肃文县西）以及犍为郡的僰［bó 伯］道（今四川宜宾县）等。也有不带族名的，如广汉郡的阴平道（今甘肃文县），上郡的雕阴道（今陕西甘泉）以及越嶲［xī 西］郡的灵关道（今四川峨边彝族自治县南）等。

汉武帝时张骞通西域，使天山以南一些绿洲（水草田）上的城郭居民和附近牧民，加强了与中原地区的联系并成为汉王朝臣民的组成部分。这一地区由西域都护府管辖，治所在乌垒城（位于今新疆轮台东），为当时世界"丝绸之路"的干道所经，许多农副及手工业产品在此交流，丰富了人民的物质与精神生活。这一地区有不少地名一直保存至今，但因系用古代语言命名，且这些古代语言已失传，所以我们探索新疆地名面临一些困难。

西汉时郡上又有了州的名称，《汉书·地理志》说："南置交趾，北置朔方之州，兼徐、梁、幽，并夏、周之制，改雍曰凉，改梁曰益，凡十三部，置刺史。"十三部即十三州，州名则采自《禹贡》和《职方》，仅改了两个州名，即司隶部外的豫、冀、兖、徐、青、扬、荆、益、凉、并、幽十一州，加上汉代所增的朔方与交趾。这十三州并不是郡上的政区，而是郡上的监察区，刺史奉汉王之命，各自按期巡察若干个郡，回京汇报结果，由汉王决定如何处理。刺史的俸禄比郡长官太守还低，州作为郡上一级政区则是后来的事。

三、新莽时期地名的混乱

公元 8 年，王莽称帝，改国号为"新"。他仍都长安，改名常安，称西都京兆尹，又拟迁都洛阳，改河南郡为保忠信乡。在新都周围设左、右、前、后、祈、北六个尉郡，而在西都周围则设立京、师、列、扶、翊〔yì 义〕、光六个尉郡，不过未到迁都时，新朝即被推翻。

新莽的地方政区仍采用郡、县二级制，不过名称改变极大，并且一地名称又常有多次变换。顾颉刚先生等编的《中国疆域沿革史》一书中说："诸郡县罢置更易，靡有定规，即当时之吏民已痛感其繁琐，不能复记其名称。《莽传》（按：即《汉书·王莽传》）中言其时郡之改易，岁有更变，一郡且有五易其名而还复其故者，可谓极复杂之能事矣……往往有诸郡属县互易，县已尽，郡已废尚不知……诚滑稽之事也。"①

有些郡名虽然仍在沿用，但却不是原来的地方，例如新莽时期的常山郡是西汉时的中山国（今河北定州市一带），而汉代的常山郡，在新莽时已经改称为井关郡（今河北元氏县一带）。又如新莽时的九江郡为西汉时豫章郡（今江西省地），而西汉时的九江郡则是新莽时延平郡地（今安徽寿县与合肥市一带）。

县名改变的频率也很高，西汉朔方郡（辖 10 个县）在新莽改称为沟搜郡后，有 7 个县改了名称。西汉的雁门郡在新莽时改为填狄郡，所辖 14 个县中有 12 个改了县名，从中可以看出其更改的幅度之大。

在王莽所更改的地名中，对边疆地区居民使用了很多不友好的词语，例如厌戎（西汉陇西，以下括弧内皆西汉郡名）、威戎（北地）、填戎（天水）、填夷（琅玡）、填蛮（长沙国）、获降（五原）、受降（云中）、得降（定襄）、填狄（雁门）、厌狄（代郡），这里的"填"字即"镇"字，"厌"字即"压"字，都是一些不友好的用词，当然会引起边地居民的憎恨与反抗。王莽在即帝位以前认为中国既有东海、北海、南海，也应有西海，所以使人多持金币诱惑今青海湖附近羌酋献地内属，设置了西海郡，但不久又失去，反而使临近郡县也不得安宁。新莽政权仅维持了十多

---

① 顾颉刚、史念海：《中国疆域沿革史》，商务印书馆，1938 年。

年，就在绿林、赤眉等农民大起义的浪涛中被推翻，但大起义的果实却又落入汉高祖后裔刘秀手中，刘秀以洛阳为首都，历史上称为东汉或后汉。

四、东汉的都城、州与属国

东汉建都于洛阳，以长安为西都，刘秀兴起于南阳郡宛县，以南阳作为南都，因而又有了三都的称号。洛阳位于周代成周的位置，北为邙山，南有洛水，地势北高南低。据《后汉书》引《晋元康地道记》记载，洛阳"南北九里七十步，东西六里十步"，呈长方形。城有十二门，东为上

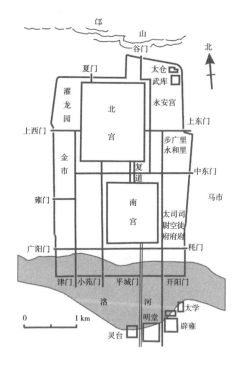

东汉洛阳城平面图（《中国大百科全书·考古学卷》）

东门、中东门、秏门，南为开阳门、平城门、小苑门、津门，西为广阳门、雍门、上西门，北为夏门、谷门。城内有二十四条街，将城市分割为多个里市。市包括金市、马市和羊市等。宫殿主要有北宫和南宫，相距约一里，由复道连通。东北隅有太仓、武库。

东汉郡国名称大体恢复西汉旧制，不过也有一些变动与增减。开国初期，由于战乱以后人口锐减，所以郡国并减较大，后来又逐渐增置，与西汉相比，值得重视的有以下各点：

西汉的十三个刺史州仅是监察区，不是郡上的一级政区。后汉，特别是在黄巾起义阶段，朝廷不派刺史而派权位很高的官员去坐镇某地，主管并处理州内的政务，称为州牧，而不称刺史，这样牧即成了郡上一级的行政长官，从而形成了州、郡、县的三级政区体系。

东汉朔方刺史部并入并州刺史部，可是又让首都所在的司隶校尉部与州平行，所以西汉、东汉都保持有十三部的名称。十三部因演变成为国家一级正式政区，都有了固定的治所。州也成为一级政区的通名。

司隶校尉部，治都城洛阳

豫州刺史部，治沛国谯县

兖州刺史部，治山阳郡昌邑县

冀州刺史部，治常山国高邑县

徐州刺史部，治东海郡郯县

青州刺史部，治齐国临淄县

荆州刺史部，治武陵郡汉寿县

扬州刺史部，治九江郡历阳县

益州刺史部，治广汉郡洛县

凉州刺史部，治汉阳郡陇县

并州刺史部，治太原郡晋阳县

幽州刺史部，治广阳郡蓟县

交州刺史部，治交趾郡龙编县

前、后汉时王国、侯国变动较大，撤建有所不同，有的名称改变，有的境域调整。值得注意的是东汉还有公国的设置，例如汝南郡有宋公国（在今安徽界首市东北），东郡有卫公国（在今河南清丰县东南），实际上它们都和侯国辖境相似。

西汉时在边疆地区设有属国都尉，大体与郡同级。东汉安帝时在边境地区设立了犍为、广汉、蜀郡、张掖、居延及辽东六个属国，其下大都领有县或城，地位与郡相似，这和西汉不同。

西域与中原的联系在王莽时一度中断，东汉时经过班超、班勇父子的锐意经营、联系，得以恢复。班勇还写了《西域传》一文。当时取道于今吐鲁番盆地的北线日趋重要，比西出阳关沙害较少，班勇曾任西域长史，有可能那时西域都护府已易名为西域长史府。

五、汉代地图与汉简上的地名

秦兼并六国建立统一政权以后，把"书同文"作为一个要项来抓，一方面淘汰一些与秦文不合的文字，另一方面又将大篆改为小篆加以推广。但篆文毕竟书写麻烦，于是又采用了易写易认的隶书，在社会上广为流行。秦汉隶书已接近简化前的楷书，所以识别秦汉地名已无大困难。

秦汉人所写的地名除见之于一些罕见的碑碣外，近世又发现了大量的汉简，这为探索汉代地名提供了丰富资料。那时虽然已经有了纸，不过是就缣帛而言。今天所说的纸则是公元2世纪初东汉后期蔡伦试制成功并逐步推广的。

中国古代地图编制，不仅起源早，而且历代相承，不断发展。1973年冬在长沙郊区马王堆的汉墓中发现了三张绘在缣帛上的地图，整理小组定名为地形图（又称西汉初期长沙国南部地图）、驻军图和城邑图。这是西汉王朝为了讨伐拥兵独立的南越国而制作的军用地图。地形图长、宽均约96厘米，包括今湖南、广西及广东三省区的边境一带。图中地名达90个，字体介于篆、隶之间，大部分可以识别。不过方位是上南下北，左东右西，与今图相反。图中八个小方框内注记都是县名。一些小圆圈内则是一般聚落。九嶷山更用九个柱状形而突出其地位。这几幅图绘制于2000多年以前，是我国也是全世界保存下来最古老的地图之一。

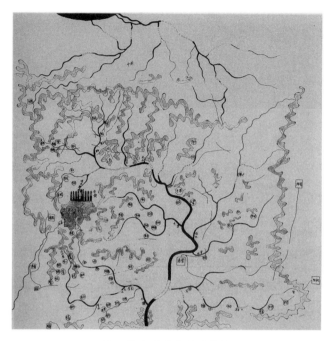

马王堆地形图复原图释文

　　这些图因画在古人所说的"帛纸"上，才得以幸存于今，如画在草制的纸上，则无法保存下来。写在竹板、木片上的文字则保存得更为久远，如天水秦简和木板图就保存至今。20世纪初在西北的一些地区有大量汉代简牍出土，这是继甲骨文之后的又一次大的发现。1949年以后，除西北各处陆续有新的发现外，在内地临沂银雀山与云梦睡虎地等地也发现了一些汉简与秦简。在出土的简牍中，很多都记有地名，不但为探索历史地名提供了丰富资料，并且可从中获得一些古代社会政治、经济、军事各方面的资料。汉简上的伊循（今新疆且末东）、龟兹［qiū cí 秋词，今新疆轮台拜城一带］、交河壁（已残缺，在今吐鲁番西）、居庐訾仓等都是地名。黄文弼（公元 1893—1966 年，著名考古学家）认为居庐訾仓为匈奴语的译名，汉籍中常略去"訾"字。丁谦（公元 1843—1919 年，地理学家）认为其地在玉门关西，王国维（公元 1877—1927 年，著名学者）则认为在罗布泊西的楼兰，黄文弼则认为居庐仓不在楼兰而在楼兰的东南。

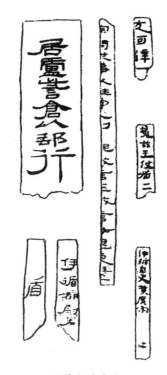

汉简上的地名

六、《汉书·地理志》地名特点与地名研究

秦汉时期最重要的地名书籍首推东汉班固所著的《汉

书·地理志》，谭其骧先生称它为"我国地理学史中一部划时代的代表作"。把地理学换成地名学，也是如此。《汉书·地理志》中不仅叙述了公元2年西汉王朝的103个郡国及其下辖的1587个县级单位，还介绍了175座山名与361个陂、泽、湖、池等名称以及其他地名2200余个，各类地名合计达4500余个。如此众多的重要地名，无疑奠定了我国地名框架和地名体系的坚实基础。很多汉代以前的古籍中所记载的地名由于《汉书·地理志》用汉地解释，后来人才得知其所在。

人事的变动、郡县的置废、地名的更易取舍，推动了我国古代对地名来源与地名沿革研究的重视与加强。在我国，对地名来源和地名沿革的研究最迟开始于公元1世纪初，其代表著作也是《汉书·地理志》。自那时开始，着重于地名渊源和地名沿革的地名研究就延续了下来。直到今天，这些研究仍是地名研究的重要内容。所以自《汉书·地理志》开始的地名来源和地名沿革的研究在中国源远流长，已延续了大约20个世纪。其延续时间之长，涉及地名数量之多，均是举世无双的。实际上，有关地名的总结探讨还可以上溯至更早的时期，概括所有地物与地域名称总体特征的术语"地名"的出现便是证明。

《汉书·地理志》解释地名渊源，以故国、旧邑、山川、方位、人物、物产、部族为名，对古代地名作渊源和沿革解释的达60余个。举例如下：

京兆尹华阴，太华山在南。

会稽郡山阴，会稽山在南。

益州郡叶榆，叶榆泽在东。

敦煌郡瓜州，地生美瓜。

汝南郡上蔡，故蔡国。

霸水，古曰兹水，秦穆公更名以彰霸功，视子孙。

京兆尹郑，周宣王弟郑桓公邑。

太原郡晋阳，晋水所出。

河内郡温，故国，己姓。

弘农郡陆浑，春秋迁陆浑戎于此。

这种地名来源和地名沿革变化的研究，显然是很有社会意义的，也是饶有趣味的。

七、几部有关地名的字书

东汉时期还有几本与地名有关的字书：

1.《尔雅》为先秦的作品，前面已经提到。在《尔雅》序中说："尔雅者，盖兴于中古，隆于汉代。"有人解释说："伏羲为上古，文王为中古，孔子为下古……隆于汉氏者，以（孔）夫子没后，书纪散亡，战国陵迟，嬴秦燔灭，则此书亦从而坠矣。洎乎汉氏御宇，旁求典籍，除挟书之律，开献书之路，此书亦从而隆矣。"（《尔雅疏》卷一）《四库全书总目》在介绍《尔雅》时说："尔雅毛公以前，其文犹略，至郑康成时则加详。"毛公指战国时毛亨，郑康成即汉末郑玄，说明《尔雅》这本书早就有了，不过在先秦时期内容还不丰富，又遭受许多损失，直到汉代才充实定型。后来经过晋代郭璞的注和宋代邢昺〔bǐng 丙〕的疏，又被作为经书之一流传下来。《尔雅》所释内容分为 19 项，与地名关系较密切的有释地、释丘、释山、释水等四篇。

2. 许慎的《说文解字》作于东汉和帝永元十二年（公元 100 年）到安帝建光元年（公元 121 年）之间，经过数百年的辗转传写，直到宋太宗雍熙三年（公元 986 年）才由徐铉等校订后付国子监雕版印刷并流传于世。徐铉的弟弟徐锴也曾作《说文系传》，徐铉的校订本被称为"大徐本"，徐锴的系传则被称为"小徐本"。徐铉本除纠正脱误外又略加增改，如改原书 15 卷为 30 卷，增加标目、注释和反切法的注音。全书中解释地名条目很多，例如在山字部（共 53 条）、水字部（共 468 条）、土字部（共 131 条）中，都有大量地名，其中既有通名也有专名。当然在这三个部首中并非全是地名，有的地名也散见于其他各部首之中。

3. 刘熙的《释名》。除刘熙的书外，还有另一本《释名》，其作者为刘珍，其书已失传。刘珍是东汉学者，《后汉书》中有传，但刘熙则无记载，有人怀疑他是汉末甚至是魏初时人，在刘珍之后。所以有人认为大概《释名》这本书是"兆于刘珍，踵成于熙"（清人毕沅的《释名疏证》序）。《释名》的体例和《尔雅》相似，分为 8 卷，所释 27 篇，其中与地名关系较多的有释地、释山、释水、释丘、释道、释州等篇。

《尔雅》《说文解字》《释名》三书对地名的解释有很多相同或相似之处，现列表如下加以比较。通过比较可知，三本书所述的一些通名概念很多相同。当然也有一些不同，例如《尔雅》说："平土有丛木曰林"，而《释名》则说："山中丛木曰林"。又如《说文解字》叙述了郡的演变，解释："从邑君声"，而《释名》则说："郡，群也，人所群聚也"。确切与否，还可斟酌，但提出来比较毕竟都是可贵的。

《说文解字》	《尔雅》	《释名》
阜，大陆山无石者	大陆曰阜	土山曰阜，阜厚也，言高厚也
冈，山骨也	山脊冈	山脊曰冈，冈亢也，在上之言也
岑，山小而高	山小而高，岑	山小而高曰岑，岑崟也，崟崟然也
峤，山锐而高也	山锐而高，峤	山锐而高曰峤，形似桥也
涧，山夹水涧也	山夹水，涧	山夹水曰涧，涧间也，在两水之间也
洲，水中可居曰洲	水中可居者曰洲	水中可居者曰洲，洲聚也，人及鸟兽所聚息之处也

八、应劭等人对地名命名规律的探讨

东汉末年的史学家和地理学家应劭〔shào 绍〕对古代地名渊源与沿革进行研究的著作有《汉书集解音义》、《十三州记》、《汉官仪》和《地理风俗记》等。

汉代郡名的命名，应劭在《汉官仪》中总结出了六条规律：

凡郡，或以列国，陈、鲁、齐、吴是也；或以旧邑，长沙、丹阳是也；或以山陵，太山、山阳是也；或以川泉，西河、河东是也；或以所出，金城城下得金，酒泉泉味如酒，豫章樟树生庭，雁门雁之所育是也；或以号令，禹合诸侯，大计东冶之山，因名会稽是也。

在《汉书集解音义》中，他对《汉书·地理志》所载地名中的近 160 个作了渊源解释。仅据《水经注》的引述，《地理风俗记》对 27 个古代地名作了渊源解释。除相互重复者外，应劭解释了来源和沿革的地名约 180 个，包括方位、山川、故国、旧邑、人物、地形、气候、部族、物产、避讳、对称、迁移地名等。应劭注释《汉书》地名，大部分遵循《汉书·地理志》的方法，亦有创新。如《汉书·地理志》所载京兆尹新丰，应劭释为："太上皇（指汉高祖刘邦的父亲）思东归，于是高祖改筑城市街里以像丰，徙丰民实之，故号新丰。"这一解释合理地揭示了新丰城市创立和新丰地名出现的历史过程。应劭对《汉书·地理志》的很多地名做出了令人信服的解释，如：

涿郡高阳，"在高河之阳"；

饶阳，"在饶河之阳"；

中水，"在易、滱［kòu 寇］二水之间，故曰中水"。

应劭在《风俗通义·山泽篇》特别阐述了五岳、四渎的内容，并诠释了 17 个山、水、地形地名通名的含义。如五岳：

东方泰山，尊曰岱宗，岱者长也，万物之始，阴阳交待，故为五岳之长……南方衡山，一名霍山，霍者万物盛长，垂枝布叶，霍然而大……西方华山，华者华也，万物滋熟，变化于西方也……北方恒山，恒者常也，万物伏藏于北方有常也……中央曰嵩高，嵩者高也。

四渎：河出敦煌塞外昆仑山，发源注海……江出蜀郡湔氐徼外岷山，入海……淮出南阳平氏桐柏大复山东南，入海……济出常山房子赞皇山，东入沮。

总之，应劭对我国古代地名渊源的解释，特别是秦汉郡名的命名规律的总结做出了重要贡献。

同时代学者圈称诠释东郡"酸枣县"命名指出："昔天子建国名都，或以令名，或以山林，故豫章以树氏郡，酸枣以枣名邦，故曰酸枣也。"他提出了地名"或以令名，或以山林"，或"命以嘉名"的命名原则。

东汉学者袁康所撰《越绝书》是一部含有区域性地名研究内容的著作。该书当始撰于春秋战国时期，不仅记载了吴、越两国的历史，其中卷二《吴地传》和卷八《地传》详细记述了两国国都及附近城市道路、宫殿陵墓、山川形势、农田水利诸项，而且记述了古代吴越地区的 200 多个地名，其中解释地名渊源达 40 余处，同时还探讨了地名的命名规律。如卷八《地传》释地名"朱余"说：

朱余者，越盐官也。越人谓盐曰余。

袁康从语音学角度解释了"朱余"地名的来源。同时，该书还指出了练塘、锡山、炭聚、炭渎等地名"各因事名之"的命名规律。"因事名之"，是我国古代地名命名广泛使用的原则之一。

可见，东汉学者已对地名命名规律进行了相当研究，"命以嘉名""因事名之""名以山陵"等原则被揭示、归纳并总结，为后世地名研究奠定了基础。

第三章　三国南北朝间的地名

一、赤壁与三国分立

公元 220 年曹操的儿子曹丕废汉帝建立了魏王朝。第二年刘备称帝于成都，历史上称为蜀汉。下一年孙权在江东也建立了吴王朝，公元 229 年称帝。

实际早自汉献帝初平元年（公元 190 年）时，东汉王朝就分崩离析，在军阀割据与混战中，汉政权早已名存实亡。军阀们残酷地镇压各地的黄巾起义，取得军政大权，皇帝成为他们的傀儡。后来曹操迁汉献帝居许（今河南许昌市）并逐步统一北方。在经营北方时，曹操曾在邺（今河北磁县南）大兴建筑，修成听政殿、文昌殿以及著名的铜爵（亦作铜雀）、金虎、冰井三台。曹丕称帝以后，以许昌、邺、谯（安徽亳县，曹操原籍）、洛阳和长安为五都。

孙权之父孙坚、兄孙策也曾转战南北，孙权继承他们，后来以其家乡一带为根据地，在长江两岸扩展势力。汉王朝宗室的刘备家境比较贫寒，在混战中也担任过豫州刺史等官职，后来又率部去荆州依附本家的刘表。

建安十三年（公元208年），曹操率军南下，想一举荡平南方。这时刘表已死，儿子刘琮降曹，刘备派诸葛亮东结孙权，共抗曹军，结果烧毁曹营的大量战船，迫使曹操北撤，这就是历史上著名的"赤壁之战"，史学界都认为这是决定三分之局的一次重要战役。

赤壁何在曾经是学者们论争的一个课题。在今湖北蒲圻〔qí 其〕市西北36公里的长江南岸，有赤壁、南屏、金鸾三山，其中保存着摩崖石刻与拜风台、凤雏庵、翼江亭等建筑，特别是赤壁山的西南侧浪花飞激，气势磅礴，是攀登凭吊、吟咏抒怀的佳处。在赤壁矶头的石壁上，刻有许多文字、印记、诗赋和画像，仅"赤壁"二字的镌刻即有多处。

根据《文选注》引南朝宋人盛弘之（一作盛宏之）的《荆州记》所述："蒲圻县沿江一百里南岸名赤壁，周瑜、黄盖乘大艘，上破魏武兵于乌林，乌林赤壁其东西一百六十里。"（引自王谟《汉唐地理书钞》）唐人所编的《元和郡县图志》说："赤壁山，在（蒲圻）县西一百二十里，北临大江，其北岸即乌林。"宋人所编的《太平寰宇记》说："赤壁在（蒲圻）县西北一百五十里，江岸北即曹操为周瑜所败之处。"和今天的赤壁大致吻合，只是里程略有差异。此外赤壁与乌林间的距离相差颇大，这可能与历史上长江水道的改变有关。

另外，在今湖北黄冈县城西北江滨也有一处赤壁。因山形悬然如壁且为赤色，故名赤鼻矶。北宋苏轼游此，误作赤壁之战地，写有前、后《赤壁赋》和《念奴娇·赤壁怀古》词，使此处名声大噪。后世又将错就错，于此修筑了两赋堂、酹江亭、问鹤亭等建筑，形成了又一处"赤壁"。现在地理学界的某些学者根据长江水道的历史变迁，认为三国时期今赤壁距江颇远，所以认为当时赤壁应为今武汉市江夏区（纸坊）西南的赤矶山，乌林则在今赤壁的对岸，这是对赤壁位置的又一解释。

二、吴魏的地名重复与虚封中的地名

三国分立以后，政区都沿用州、郡、县三级制，以魏的疆域最大，领有司、豫、冀、兖、徐、青、雍、凉、并、幽、荆、扬 12 州，101 郡，731 县；吴次之，领扬、荆、交 3 州，后析交州置广州，共领 4 州，47 郡，337 县；蜀则偏居一隅，仅有益州一州，领 22 郡，138 县（洪亮吉《补三国疆域志》），后置凉州，领 2 郡。自魏元帝景元三年（公元262 年），三国政区共 16 州，145 郡，1144 县，共有行政区划地名 1300 余个。不过，魏、吴的统治者为表明实现统一大业的决心，都置有扬州和荆州。两国扬州都有庐江郡，荆州都有江夏郡，致使地名混乱。魏的扬州领有 4 郡，吴的扬州领有 13 个郡级单位，合为 17 个，多于东汉时一倍以上。吴在黄武五年（公元 226 年）分交州北境置广州，交州城改称广州，为今广州得名的由来，不久又合，到永安七年（公元 264 年）又再分开，反映出政区由简变繁以及南方日益发展的趋势。

蜀国是刘备在赤壁之战后，西入益州取代刘璋，继曹丕称帝之后而建立的，僻处西南，为开发今云贵地区做出了很大贡献。有人认为蜀曾分置过梁、凉、交等州，但也有人认为并非如此。例如邓芝曾领兖州，张翼曾为冀州刺史，难道说兖州、冀州曾入蜀国版图？这种情况，不仅蜀国如此，魏国有益州刺史黄权、丹阳太守蒋济，吴有青州牧朱桓、幽州牧孙韶等，实际这些封爵中的地名皆不在本国范围之内，这就是当时流行的所谓"遥领"与"虚封"制度，这也反映出三国统治者们皆有兼并他国、统一天下的雄心。

三、东晋十六国时期地名的混乱

直到公元 263 年魏灭蜀，公元 265 年司马炎废掉魏元帝建立晋王朝，并于公元 280 年灭吴，才取得统一，历史上称之为西晋。太康二年（公元 281 年），西晋领有司、豫、冀、兖、徐、青、雍、凉、并、幽、荆、扬、平、秦、梁、宁、交、广、益 19 州，173 郡，1232 县，后期析置了江、湘二州。在经历短暂的安定和平局面之后，统治集团因腐朽引起夺嫡的凶残内战，史称"八王之乱"。不久又出现了五胡十六国的纷扰局面，西晋最后两个皇帝都被匈奴统治者刘聪杀掉。当时南方比较安定，南逃的贵族拥立镇守建邺

（原吴都建业改称）的镇东大将军司马睿［ruì 瑞］为帝，历史上称为东晋。

当时北方仍处在五胡纷扰、相互攻战的局面下。所谓五胡，是指匈奴、鲜卑、羯［jié 杰］、氐、羌五族，他们先后曾建立过 16 个国家（也包括在今四川的成汉），简言之为一成、一夏、二赵、三秦、四燕、五凉。实际上也有汉人建立的国家，例如前凉和北燕等，国家的数目也不止 16 个，还应包括代、冉魏和西燕等。

这些国家历时长短不一，所控制的范围也大小不同，并常有变化。公元 383 年淝水之战以前，前秦不仅统一了北方，并且占有今四川，控制了西域。建元后期（公元 380 年前后），统有 27 州，180 郡，疆域广阔，实力强大，前秦统治者认为长江并不难渡，"投鞭即可断流"，所以悍然发动了一场企图灭晋的战争，结果却大败而归，北方再一次分裂。东晋收复一部分地方，但有的后来又丢失了。

《晋书·地理志》缺东晋郡县数字，据《中国历史地图集》① 所记，东晋太元七年（公元 382 年）有扬、徐、豫、荆、江、广、交、宁等州，后又增加益、梁等州。因为南北之间的拉锯战，边界常有变动，也很难详计。据胡阿祥研究，东晋义熙十四年（公元 418 年），领有 23 州，252郡，1236 县。② 在北方，面积还小于今山东省的南燕国，在

① 谭其骧主编：《中国历史地图集》，第三册，地图出版社，1982 年。
② 胡阿祥：《六朝政区增置滥置述论》，《中国历史地理论丛》，1993 年第 3 期。

其盛时也曾划分为青、并、兖、徐、幽五州。州郡的滥设，在其他一些国家中也出现过。九州中的一些州名，如徐州、兖州等都可举出很多处，地名的混乱情况是前所未有的。

四、东晋侨置的州郡县及双头州郡地名

根据《中国历史地图集》[①]的东晋图，今江苏的江淮之间（应为徐州范围），却注出幽、兖、青三州。幽、兖、青三州本在今河北、山东境内，一部分军民南撤后也在这里暂住，徐州治所一向都在今徐州市或其以东等地，这时南迁到今扬州市范围内。北方势力进一步南侵，徐州又由今扬州迁到京口（今镇江市内），后来南方北伐，徐州又逐步北移到今徐州，其治所暂驻各点，一般叫作"寄治"。彭城（今徐州）与京口两处，称为徐州的时间较长，不过，在彭城的有时加"北"字，到刘宋永初受禅，在京口的有时加上"南"字。

东晋和南朝为了安置大量南迁的难民，在南方新设了一些郡县，有的即以侨民原来的籍贯命名，大部分在长江南岸，以今南京即当时的东晋首都建康的附近最为集中，有的并无实土，只管人群。后来实行"土断"，即以土地定户籍，使外来人口皆在所居郡县编著户口并纳税服役，才使社会较为安定。当时侨县名称保留至今的以安徽的当涂较为著名，当涂县原属扬州淮南郡，在今蚌埠市西南，以

---

① 谭其骧主编：《中国历史地图集》，第四册，地图出版社，1982年。

其北有涂山得名，涂山即传说中禹会诸侯的地方，东晋时侨置当涂县与淮南郡于江南。今为安徽马鞍山市的属县。

侨州郡县虽为流民的迁移而设立，更与军力的转移有关，如西晋时兖州治所原在今山东郓城西北，郗鉴（晋朝人，明帝时拜为车骑将军，都督徐、青、兖三州军事，后辅成帝，晋太尉）改镇邹山（在今山东邹县），这里也是兖州刺史驻处，后来撤到广陵（今扬州），广陵也就成为兖州治所。兖州原在北方，而以广陵为中心的兖州，则是侨治。

《魏书·地形志》在记载颖州所辖郡县时说："汝阴、弋［yì 义］阳二郡，萧衍（梁武帝）置双头郡县，魏因之。"清代学者钱大昕在《廿二史考异》中解释说："双头郡者，一人代两郡守也。此本汝阴郡地，又侨立弋阳郡，《宋志》所谓帖治。"《宋书·州郡志》中提到帖治的如南豫州南顿太守下注"帖治陈郡"，又如豫州新蔡太守下注"今帖治汝南"。《中国历史地图集》第四册宋图中在今汝南与沈立两县旁分别标注出汝南、新蔡二郡和陈、南顿二郡。南朝宋不仅有双头郡，而且有双头州，同幅图上今山东省当时大部属青、冀二州，治所在青州（今青州市）；今陕南、川北地区有梁、南秦二州，治所在南郑（今汉中市）。实际双头州在东晋十六国时期已经出现。青、冀二州的青州原称北青州刘裕收复以后不久即设立北青、冀二州为双头州，或治东阳（今青州）或治历下（今济南），也曾分治过，但为时短暂，绝大部分时间为双头州即双头州郡。刘裕死后，该地沦于北魏，后该区划南迁到今连云港市，即过去东晋初期南撤时的青、兖、幽等州的寄治地方。南朝另一个双头州梁、南秦二州也是早在东晋时即已设立，不过东晋双头州郡尚少，到南朝时开始增多。《地形志》所说的双头郡县可能是就双头郡及其属县而言，双头郡辖县数也多少不一。北魏时取自南朝的新蔡、南陈留二郡仅辖鲷［tóng 同］阳（今河南新蔡县北）一县，两郡合辖一县，这就是双头州郡，更是千古罕见的怪事。

有人认为南朝宋初实行五等分封制度，广建公、侯、伯、子、男诸国，实际上这种制度早在晋代已经实行，以今湖北省境内及其附近而言，东晋时即有宜都（今宜昌市西）王国、当阳（今湖北当阳）侯国、江陵（今湖北江陵）伯国、弋阳（今河南潢川）子国、秭［zǐ 子］归（今湖北秭归）男国等封国。不过它们的食邑都很小，和两汉相比毕竟不同了。

在东晋的政区中，州、郡、县三级都有实与侨两种区分。以后宋、齐、梁、陈沿袭此制。可以说，这一时期是我国历史上地名非常混乱的时期，直到隋朝统一才得到有效的清理。

五、南北朝时期州郡地名的猛增

南北朝时，各王朝行政区划仍推行州、郡、县三级制，不过南北双方政区数目都在迅速增加。在正常状态下，随着经济发展、人口增加，地方区划适当地由简变繁也是合理的。可是这一时期，战争频仍，生产常常遭受破坏，其增加原因不外是多安插一些官吏，加强对人民群众的镇压与剥削，并以广土众民向别人炫耀而已，因而形成了"地理参差，其详难举，实由名号骤易，境土屡分，或一境一县，割成四五，四五之中，亟有离合，千回百改，巧历不算"（《宋书·州郡志序》）的局面，出现了"百室之邑，便立州名；三户之民，空张郡目"（《北齐书·文宣帝纪》）的状况。《宋书·州郡志》记载大明八年（公元 464 年）共有州 22 个，郡 278 个，县 1355 个。这时是南朝境域最大的时期，包括秦岭与黄河下游以南地区。南齐时南朝势力已退到淮水以南，可是据《南齐书·州郡志》记载，南齐末共置 24 州，385 郡，1474 县。《通典·州郡》记载有郡 395个，都较宋时有所增加。梁代疆域与南齐时相差不大，《隋书·地理志》说："（梁武帝）天监十年（公元 511 年）有州五十三，郡三百五十。"可是到了武帝大同年间（公元535—546 年）却把州数增加到 107 个，并且把州划分为五个等级。当然郡县数字也随之相应增多。据《资治通鉴》记载，天监十年，梁代政区有 23 州，350 郡，1022 县。陈中期时疆域仅有梁代时的 1/3 左右，北以大江为界。《隋书·地理志》说其"威力所加，不出荆、扬之域，州有四十二，郡唯一百九"。据徐文范《东晋南北朝舆地表》，陈太建十二年（公元 580 年），计有州 64 个，郡 166 个，县约 600 个。北朝情况也同样如此。北魏太和三年（公元 479年）有州 38 个，郡 160 个。《魏书·地形志》所记东、西魏合计已达 113 个州；东魏武定年间（公元 543—550 年）有 113 州，522 郡，1466 县。东魏由北齐取代，西魏由北周取代，北周灭北齐后，在大象二年（公元 580 年）有州 211 个，郡 508 个，县 1124 个。（《隋书·地理志》）近人王仲荦 [luò 洛] 在其所著的《北周地理志》中说州是 215 个，郡数达到 552 个。如再加上陈的州郡数，和汉代的十三州、"百三郡国"比起来，州数增加了 19.5 倍，郡增加了 6 倍；如果按王仲荦统计，州增加 19.8 倍，郡增加 6.4 倍。可见南北朝时期政区滥置，尤其是州、郡两级，倒是为州郡治所城市地名的增设提供了条件。

六、北魏洛阳城的坊市

北魏迁都洛阳，利用东汉、魏晋的城墙和城门。这时，都城出现了宫城、内城、外廓城三重城的形制。宫城作为城市中心，建筑了太极殿等宫殿。内城作为朝会之所，位于宫城的阊阖门前，布局着官署、宗庙、佛寺。内城之外的外廓城，方圆"东西二十里，南北十五里"，开 13 个门。原有 12 个城门除南墙开阳门外，到北魏已将东墙上东门改为建春门，中东门改为东阳门，耗门改为青阳门；西墙上西门改为阊阖门，雍门改为西阳门，广阳门改为西明门；南墙上平城门改为平昌门，小苑门改为宣阳门，津门改为津阳门；北墙上谷门改为广莫门，夏门改为大夏门。12 个城门中只有西阳门从汉代的雍门旧址上北移 500 米，其他

11门均在旧址上重建。魏孝文帝迁都洛阳，又在洛阳城西墙北端新开拓了承明门，使城门增设为13个。在这些城门直对规划设计了城内的主要街道，由这些街道把除宫城之外的外郭城区及关厢划分为323个方形的坊（里）。坊一里见方，四面筑墙，每面开门，每边长300步。在郭城中设置了手工商业集中的"大市"、"小市"和"四通市"。坊市作为城市的管理单位和城市平面布局的一部分，由汉代闾里名称向坊市名称过渡。从出土墓志和《洛阳伽蓝记》的记载，可考的92个坊（里）如下：中甘里、中练里、文华里、文始里、仁信里、劝学里、东安里、正始里、归正里、归德里、永平里、永乐里、永安里、永年里、永和里、永康里、乐氏（民？）里、乐律里、光睦（穆）里、衣冠里、安丰里、安武里、安明里、安贵里、休口里、寿丘里、孝义里、孝悌里、孝第里、孝敬里、达货里、利民里、谷水里、谷阳里、谷城里、灵泉里、奉终里、治粟里、治觞里、宜年里、宜寿里、依仁里、阜财里、金肆里、延年里、延贤里、延寿里、延酤（沽）里、受安里、承华里、城东里、显中里、显德里、昭义里、昭（照）文里、照乐（洛）里、照明里、昭德里、闻义里、宣化里、洛阳里、洛滨里、钦政里、修仁里、修民里、修睦里、建阳里、笃恭里、晖文里、调音里、凌阴里、宽仁里、乘轩里、绥民里、绥武里、崇义里、崇让里、崇恩里、斜坂里、通商里、殖货里、景宁里、慈孝里、静顺里、嘉平里、熙宁里、慕义里、慕化里、敷义里、德游里、遵让里、瀍源里。坊（里）命名原则，一是以反映儒家文化所倡导的道德准则的字词或含有褒义的有关字词命名，二是以里坊所在地区的方位特征来命名，多以河流、寺庙等作为参照物，三是以居住者的身份特征作为里坊命名的标准。①

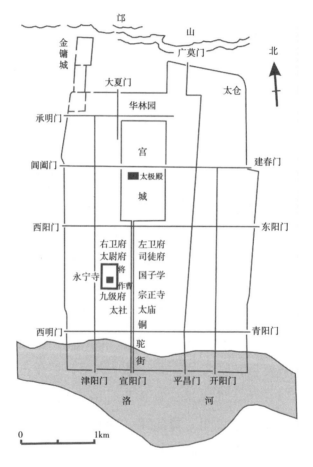

北魏洛阳城平面图（《中国大百科全书·考古学卷》）

① 张金龙：《北魏洛阳里坊制度探微》，《历史研究》，1999 年第 6 期。

七、北朝时期出现的双附郭县地名

南北朝时期在滥置州郡、虚张声威的同时，还加强了对国都和重要治所城市及其周围地区的管理和统治，这主要表现在双附郭县的出现。在中国的历史上，自推行郡县制之后，就出现了郡、县同治所的城市。如前所述，这种城市一般都以一级政区名称为地名，而县治附设于州、郡、路、府城市的县即名附郭县。依此类推，有两个或三个县治附设于一级政区治所城市，这类县就分别被称作双附郭县或三附郭县。我国最早的双附郭县出现在北朝时期，北周定都长安，明帝二年（公元558年）分长安、霸城、山北三县各一部分置万年县，与长安县共同附治长安城中，即"分长安为万年县，并治京城"（《周书·明帝纪》）。万年、长安二县即为双附郭县，虽经沿革变化，但一直存在到民国初年西安设市。北齐析晋阳县置龙山县后，均附治太原郡城形成的。后经迁治及更名，至隋开皇中以太原和晋阳二县附郭太原郡城，至北宋初废晋阳县，太原县仍为附郭县。另外，南朝陈代以山阴、会稽二县附郭会稽郡，至隋开皇九年（公元589年）废山阴县，仅以会稽县附郭。

双附郭县自南北朝出现，历隋、唐、宋、辽的发展，宋、金、元、明的萎缩及清代的全盛，至民国时期消亡，历时达一千三百余年。[1] 民国初年简化政区，实行省、县二

---

① 华林甫：《我国古代的双附郭县》，《中国方域》，1993年第6期。

级制，双附郭县仅保留一对。

1912 年，成都设市。1913 年，废成都府，成都、华阳二县仍置成都市内。1946 年，成都县，1949 年，华阳县，先后迁出成都市。因此，只有成都、华阳一对双附郭县保留到 20 世纪 40 年代末。

中国历史上各时期双附郭县对数统计

朝代	南北朝	隋	唐	五代	宋辽	宋金	元	明	清
对数	3	5	15	17	19	18	16	14	26

八、地名的著作和研究

这一时期的地名记载与研究又有了很大的发展，最值得称道的有：

1. 西晋时裴秀所编制的《禹贡地域图》。裴秀总结了地图绘制的工作经验，提出六项制图原则（制图六体）。在这一原则指导下，他编制了《禹贡地域图》。《晋书》记载地图内容时说："今上考《禹贡》山海川流，原隰陂［xí bēi 习杯］泽，古之九州，及今之十六州郡国，县邑疆界乡陬［zōu 邹］，及古国盟会旧名，水陆径路，为地图十八篇。"（《晋书·裴秀传》）这可以说是包括许多古今地名的一本历史地图集。此外他还根据旧天下大图缩绘成比例尺约 1 ∶ 1500000 的"地形方丈图"，使"王者可以不下堂而知四方也"（虞世南《北堂书钞》）。这幅图所依据的旧天下大图也有可能是裴秀所得蜀、吴等地的地图拼凑而成，据说是用缣 80 匹绘成，其图幅之大及所记地名之多，应该说是空前的。可惜这些图都未保存下来。裴秀担任朝廷要职，政务极忙，这些工作可能具体由他的助手京相璠［fán 凡］承担。京相璠作为裴秀的门客，与裴秀"修《晋舆地图》，作《春秋土地》"。（《水经注·谷水注》）《水经注·伊水注》也说"京相璠著《春秋土地名》"。在《隋书》《旧唐书》《新唐书》诸正史中，均提及京相璠《春秋土地名》三卷。他除编制地图外，还写了我国历史上第一部地名辞典《春秋地名》（或《春秋土地名》），该书对春秋地名的渊源作了不少客观解释，简明扼要，惜已失传，但仍可以从《春秋释例》及《水经注》等著述中窥其概貌。如《水经注》引录的郑地，庄公十四年"大陵"，"颍川临颍县东北二十五里，有故巨陵亭，古大陵也"；"淄水又迳梁父县故城南，县北有梁父山……王者封泰山、禅梁父，故县取名焉"；"《西河旧事》曰：葱岭在敦煌西百八千里，其山高大，上生葱，故曰葱岭也"；"华泉，地名，即华不注山下泉水也"，均为典型释例。从清人王谟辑录、收入其所编《汉唐地理书钞》中的九十余条佚文来看，其释地具有释方位、里距及地名渊源的特点。

2. 郦道元的《水经注》。郦道元，北魏时人。他父祖辈都在朝中担任要职，他曾随魏帝北巡，利用从政机会，得以"访渎搜渠"（调查大小河流的意思）。因为他办事公正，不畏权势，遭到权贵们的忌恨，后来被派往不安定的地区工作，途中不幸遇害。郦道元热爱大自然，赞赏前人所说：

"天下之多者水也，浮天载地，高下无所不至，万物无所不润。"所以他决心补充前人桑钦所著《水经》的不足，因而撰写出他的不朽作品《水经注》。这本书不仅包括北魏范围内的大小水系，并且叙述了南朝境域内的一些河流，远到今天的海南省，记述水道达 2596 条[①]，以水道为纲，记述了各流域的自然和人文状况，"考川定土"，从中也反映出他对祖国统一的渴望。

《水经注》全书记录的地名达两万个左右，对其中的2400 处作了渊源解释，所以说《水经注》成为当时地名渊源与地名沿革研究集大成之作。杭州大学陈桥驿教授按渊源性质，将这 2400 处地名归纳划分为 24 类：人物地名、史迹地名、故国地名、部族地名、方言地名、动物地名、植物地名、矿物地名、地形地名、土壤地名、天候地名、色泽地名、音响地名、方位地名、阴阳地名、形象地名、比喻地名、相关地名、对称地名、数字地名、词义地名、复合地名、神话地名、传讹地名等[②]。由此可见，《水经注》对地名渊源的研究是相当深入具体的。就《水经注》的地名渊源研究内容来看，除郡县地名外，还涉及山川湖泽、井泉陂塘、津渡桥梁、关塞道路、宫殿楼阁、寺观陵墓、城邑乡镇、亭里村墟地名。

---

① 赵永复：《〈水经注〉究竟记述了多少条水》，《历史地理》第二辑，1982 年11 月。

② 陈桥驿：《论地名学及其发展》，《中国历史地理论丛》第一辑，陕西人民出版社，1981 年。

地名研究除追溯地名来源外，还要进一步了解地名在历史上的变迁和发展，做地名的动态研究。这类研究在《水经注》中也有涉及，只是与地名渊源解释相对显得薄弱。如《水经注·渭水》记华阴县：

> 《春秋》之阴晋也。秦惠文王五年，改曰宁秦；汉高帝八年，更名华阴；王莽之华坛也。

华阴县自春秋至西汉末年500余年间的地名沿革变化，一目了然。

同时，郦道元还总结出了"因山以表名"，"借水以取名"；"非直因山致名，亦指水取称"；"以物象受名""以物色受名"等地名命名原则，探讨了地名的读音及书写等问题。

3. 其他有关地名著作。三国两晋南北朝时期的正史地理志、州郡志，如《晋书·地理志》《宋书·州郡志》《南齐书·州郡志》《魏书·地形志》等，均记载了大量地名，同样也涉及了对地名渊源的解释和地名沿革的说明。汉代之后，解释地名渊源之风顿开。如曹魏如淳、孟康、张宴及三国吴韦昭均对《汉书·地理志》的某些地名作了解释。如孟康释汝南郡新息："故息国，其后徙东，故加新云"，释吴房："本房子国，楚灵王迁房于楚。吴王阖闾弟夫概奔楚，楚封于此，为堂谿〔xī 溪〕氏。以封吴，故曰吴房，今吴房城堂谿亭是"，从而指出了因人事迁移使地名沿革变化的情况。张宴释魏郡邯会："漳水之别，自城西南与邯山之水会，今城旁犹有沟渠在也。"韦昭注《汉书·高帝纪上》"章邯斩山川守李由"曰："有河、洛、伊，故曰三川也。"韦昭注《越语上》"三江环之"曰："三江，吴江、钱塘江、浦阳江。"

此外，举凡解释地名渊源及沿革变化的舆地著作也日渐增多起来，如晋代杜预《春秋释例·土地名》、张华《博物地名记》、佚名《太康地记》及王隐的《晋地道记》、袁山松的《汉郡国志》、乐资的《九州要记》、张勃的《吴录地理志》。这些著作虽多已亡佚，但从后世著作的征引中亦可略见这些著作对地名解释的情况。如《艺文类聚》引《晋地道记》说："凉州城有卧龙形，故名卧龙城。"《太平御览》引《晋地道记》："幽州因幽都以为名。"《经典释文》引《太康地记》："徐州取徐丘为名"等。当时的舆地著作仅常璩〔qú 渠〕的《华阳国志》被完整地保存下来。杜预在平东吴战争中任镇南大将军，战功卓著，被封为当阳县侯。"既立功之后，从容无事，乃耽思经籍，为《春秋左氏经传集释》，又参照众家谱第，谓之《释例》，又作《盟会图》《春秋长历》，备一家之学，比老乃成。"（《晋书·杜预传》）在后半生，他精研《左传》，同时修成《春秋释例》十五卷，惜失佚。《永乐大典》尚存释例三十篇，清四库馆臣从中辑出，厘定为四十七篇，仍分为十五卷，其中卷五、卷六、卷七为土地名，是地名学内容，分为一般、经传、诸侯、四夷、山、水六类。删除重复，尚有一千二百余个。杜预经过研究认为"天有列宿之号，地有山川之名，尚矣"，"自有书契以来，历代七百余年，数千其名号处所因缘改变，加以四方之语音，声有楚夏，文字有异同，或一地而二名，或二地而一名，或他国之人错得他国田、邑、县以为己属，既难综练，且多谬误疑阙"（《四库全书总目》经部·春秋类《春秋释例》），解决了地名中"似是而非，似非而是"的问题。

《太康地记》一书虽然未著撰人，但影响较大，据《初学记》注引《太康地记》，西晋领有司、冀、兖、豫、荆、扬、徐、青、幽、并、雍、凉、梁、益、交、广十六州。在这十六州中，有扬、徐、青、幽、并、雍、梁、交八州解释了地名渊源。如扬州"以扬州渐太阳位，天气奋扬，履正含文明，故取名焉"；青州"东方少阳，其色青，其气清，岁之首，事之始也，故以为名焉"；雍州"西北之位，阳所不及，阴气雍阏，故取名焉"；并州"不以卫水为号，又不以恒山为名，而言并者，盖以其在两谷之间也"。雍、并二州的释名当为《太康地记》的创建。

东晋初，地理学家郭璞注释《尔雅》、《穆天子传》和《山海经》，研究地名渊源，均有地名研究的重要成果，并认为是地名命名的空间差异和时间变化使地名研究变得异常困难：

> 凡山川或有同名而异实，或同实而异名，或一实而数名，似是而非，似非而是，且历代久远，古今变异，语有楚夏，名号不同，未得详也。

因他注《释地》《释山》《释水》《释丘》，用功甚勤，故颇多真知灼见。其研究成果主要保存在他所注释的《尔雅·释山》和《尔雅·释水》中。如：

马颊，河势上广下狭，状如马颊；

覆鬴〔fǔ 釜〕，水中可居住而有状如覆釜；

峄，言（山）络绎相联属。

《释山》云："泰山为东岳，华山为西岳，霍山为南岳"，郭注："在衡阳湘南县南。今在庐江潜县西即天柱山，潜水所出也。汉武帝以衡山辽旷，因谶纬皆以霍山为南岳，故移其神于此。今其土俗人皆呼之为南岳，南岳本自以两山得名，非从近也；而学者多以霍山不得为南岳，又言从汉武帝始乃名之，如此言为汉武在《尔雅》前乎？斯不然矣。"从而道出了五岳中衡岳制度的原委。

《华阳国志》初称《华阳国记》，十二卷，前四卷记述蜀地地理，中五卷记述蜀地历史，后三卷记述蜀中人物及《序志》。叙事其自远古，止于东晋永和三年（公元 347 年）。《华阳国志校补图注·前言（三）》评价说：该书"于地方史中开创造之局，亦如正史之有《史记》者"。其中前四卷更是全书的精华，记述了当时梁、益、宁州的郡县沿革、治所、山川形势、交通物产等。在这里作者从以水为名，以山为名，以人物为名，以方位为名，以故国乡邑为名，以物产、仓厂、民族为名，解释地名来源达三十多处。例如，卷三《蜀志》广汉郡五城县："汉时置五仓，发五县民，尉部主之，后因以为县。"蜀人受益水利工程，"于是江上多作桥，故蜀立里，多以桥为名"，总结了西南地区水道纵横、水利设施众多、桥名与里名相借用的命名规律。史载，秦王嬴政亲政，杀掉权臣吕不韦，"徙吕不韦子弟宗族于蜀汉"。（《三国志·吕凯传》）卷四《南中志》记述：汉武帝时，南越国相吕嘉谋反被杀，因"置嶲唐、不韦二县，徙南岳相吕嘉子孙宗族实之，因名不韦，以彰其先人之恶"。在《序志》中，常璩云：《汉书》"地理志颇言山水，历代转久，郡县分建，地名改易，于以居然辨物知方犹未详备"，强调了地名变迁和地名研究的重要性。

南北朝时期的其他地理著作如北魏阚骃〔kàn yīn 看因〕的《十三州志》、刘宋盛弘之的《荆州记》、宋齐间刘澄之的《宋永初山川记》、陈顾野王的《舆地志》等也含有对地名渊源的解释。

关于域外地名的记述，则以东晋高僧法显的《佛国记》（又称《法显传》）内容较多。他从陆路取道今巴基斯坦等地进入印度，巡访佛迹，记下许多重要地名，后由海道自今孟加拉湾，绕道师子国（今斯里兰卡），然后返回祖国。

总之，魏晋南北朝时期，战乱频繁，政区变化复杂，社会更重视地名的变迁和地名的研究，因此出现了一大批地名学者和地名成果，特别在地名渊源解释方面，已经达到了很高的水平。

第四章　隋唐五代时期的地名

一、隋代的郡与州

公元 577 年北周灭齐，统一了北方。公元 581 年杨坚代周，建立隋王朝，称隋文帝。隋朝统一北方，共领有 211 州，508 郡，1124 县（《隋书·地理志》）；"民少官多，十羊九牧"，政区重名严重。据王仲荦《北周地理志》研究，甚至有 5 个州同用一名、5 个郡同用一名、3 个郡同用一名的情况。其中，3 个郡同用一名的就有齐安、平原、颍川、淮南、河南、汝阳、边城、南阳、城阳、弋阳等，如果加上东、西、南、北、上、下等方位词，重名的州郡将更多。重名地名亟待整顿。公元 586 年隋渡江灭陈，终于使长期南北对峙的局面又归于统一。

隋的都城仍在长安，不过隋在旧城南龙首山旁另筑大兴城作为京师，而以洛阳为东京，后改称东都。隋炀帝时曾对洛阳大加营建，并置洛口、回洛等仓，储备粮食。洛

68

阳的地位较大兴更为重要，所以在大业元年（公元 605 年）即迁都于此。

隋代统一以后，所面临的一大问题即政区的整顿与改革。那时南朝是"境土屡分，或一郡一县割成四五，四五之中亟有离合，千回百改，巧历不算"，甚至有的郡县"散居无实土，官长无廨舍，寄止民村"（分别引自《宋书·州郡志》与《南齐书·州郡志》）。北朝的情况正如前面提到的，"百户之邑，便立州名，三户之民，空张郡目"（《北齐书·文宣帝纪》）。这样的烂摊子，如何推行政务？所以隋王朝不得不大刀阔斧地进行改革。文帝时，"存要去闲，并小为大"，罢天下诸郡（《隋书·杨尚希传》），计 500 余个；改三级政区为二级政区，即州、县二级制。炀帝时又改州为郡，行郡、县二级制。经过开皇初废郡、大业初改州为郡两次政区的整顿，隋代政区地名混乱局面从此结束。到大业八年（公元 612 年），隋朝共有 193 郡，1255 县。以今北京市的市辖县区而言，先属北齐，周灭齐后，对齐时政区已作了一些调整；今全市范围当时分属于幽、云、燕三州及所属五郡。到隋炀帝时今市区除三县（密云、燕乐县属安乐郡，渔阳县属渔阳郡）别属他郡外，全部属当时的涿郡。涿郡的治所为蓟，是旧燕郡的治所，燕郡合并范阳郡后，用范阳郡治所的涿作为新郡的郡名，很容易使人误会涿郡中心在今涿州市。今涿州市时称涿县，只是涿郡的一个属县。

隋代新增的郡有西海、河源、鄯善、且末与伊吾五郡，是隋王朝消灭了今青海高原上的吐谷［tǔ yù 土玉］浑（亦作吐浑）政权后，乘突厥中衰时建立的。过去"突厥、吐浑，分领羌胡之国，为其拥遏，朝贡不通"（《隋书·裴矩传》）。现在扫除了西域和中原间的障碍，边疆和内地加强了联系，也为"丝绸之路"的畅通，扫清了障碍。这个西海郡在今青海湖西，和新莽与曹魏时的西海郡位置都不同，不能混淆。

还应一提的是，这时祖国宝岛台湾也加强了与大陆的联系。隋唐时称台湾为琉球，这里自古就是中国领土的一部分，不少古籍都有记载。三国时孙吴曾派人进驻，大陆人民移居这里的日渐增多。《隋书·陈棱传》记载朝廷曾派人前往"慰抚"，琉球人也"往往诣军中贸易"。

唐人所编的《隋书·地理志》仍按《禹贡》的九州叙述隋时郡县，事实上当时并无九州的政治区划。隋代也无监察区的明确记载，仅知设有司隶台大夫 1 人，掌握巡察；别驾 2 人，分察畿内；另有刺史 14 人，巡察畿外各郡（见《隋书·百官志》）。这 14 人是否分区巡察，则缺乏记载。

隋代初行州县制 16 年，后改行郡县制 19 年，采用郡名时间较长，应为秦代以来郡县制的延续。但到唐代，又改行州县制，其中仅有天宝年间改行郡县制 15 年，以后又改郡为州，并且郡在以后的政区中便不再出现，可见隋的启后作用大于承前。

隋代郡治双附郭县，除大兴城即京兆郡治附有长安、万年，太原郡治附有太原、晋阳外，东都洛阳新城附有洛阳、河南，广州郡治附有番禺、南海，江都（扬州）郡治附有江阳、江都，共有 5 对双附郭县。

二、隋代的运河

隋王朝结束了分裂数百年之久的纷扰政局，形成了南北统一的强大国家，对这个国家如何加强控制与有效管理便被提到日程上来。水运比较省力，也适于大量运输，所以隋王朝在立国之始，即重视漕运工程，以后修筑了好多条重要运渠，为以后构成全国性的水运网奠定了基础。修渠通漕几乎与隋朝历史相终始，隋代先后修建广通渠、山阳渎〔dú 读，沟、渠的意思〕、通济渠、永济渠与江南运河等几条重要运河。

广通渠为最早兴修的一条，起自京师大兴，东到潼关附近，主要将关东粮食西运京城。关中地区古称陆海，本为丰富的粮食产地。可是那里地小人稠，常常感到粮食供不应求，并且渭河水量变化也大，往往沙深水浅难以利用。所以在隋立国的第四年，即动工兴修广通渠 300 余里以济运输。不过如遇大的天灾，仍难满足需要。开皇十四年（公元 594 年）关中大旱，文帝就曾就食洛阳。这也是隋代营建东都的重要原因之一。

山阳渎修于开皇七年（公元 587 年），目的在于运兵运粮，以便渡江灭陈。这条水路主要是利用古代所开的邗沟故道，加以疏通拓展，第二年即由杨广（炀帝）挂帅，攻入建康，使南北统一。

通济渠为炀帝即位后所修。他营建东都（洛阳）并兴建显仁宫与规模很大的西苑，又先后动用百余万民工兴修通济渠。这条渠道自西苑引谷、洛水东达黄河，又自板渚引黄河水经荥［xíng 形］泽入汴，又引汴东南达于淮，再通过邗沟达于他所兴建的江都宫，然后入江达海。这条河是为他巡幸南方所用的，称为御河，渠旁筑有御道，沿途植柳，并置离宫 40 余所。这条运道的开凿曾"发河南、淮北诸郡民，前后百余万"（《资治通鉴·隋纪》），是隋代大运河中最为重要的一段。

永济渠兴修于大业四年（公元 608 年）。当时发动河北男女 100 多万人，渠道是引沁水南达于黄河，使船舶由黄河溯沁水而上，连接淇河、卫河等天然河道及一部分新开河道，通过今河北平原，北到涿郡（今北京），全长 2000 多里。永济渠唐代以后逐渐湮废，元代纵贯南北的大运河代之而起，其中仍有部分河段利用其旧道。

江南运河是隋代所修的最后运道，自京口（今镇江市）至余杭（今杭州市）800 余里。大业六年（公元 610 年）到大业十二年（公元 616 年）还建宫苑于毗［pí 皮］陵（今常州市），壮丽比于东都西苑。江南处于水网地区，《史记·河渠书》说："于吴则通渠三江五湖。"可能是隋时加以整顿连贯而成为一条江南运河的，这条河道目前是京杭大运河的一段，特别是常州至杭州一段，仍是江、浙两省间重要的客货水运航道。

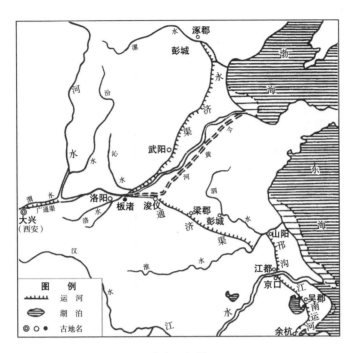

隋代运河图

三、唐代的两京、道、都及总管府

　　唐长安城沿用隋大兴城，其形制成为中世纪都城的典型，也影响了邻近国家都城的形制。长安城由宫城、皇城和外廓城三重城组成。宫城和皇城位于外廓城的北部中央。宫城正南门为承天门，北面为玄武门，中央为太极宫、太极殿，东、西分别为东宫和掖庭宫。

　　南面隔街为皇城，是中央衙署及所属机构所在。在外廓城东北部，建有大明宫，在春明门内又建有兴庆宫。在大明宫内，有太液池；在兴庆宫内，有龙池；在外廓城东南隅，有芙蓉园和曲江池，美化了长安城城市景观。外廓城每面三门，北面芳林门、景耀门、光化门，西面开远门、金光门、延平门，东面通化门、春明门、延兴门，南面启夏门、明德门、安化门，共 12 门。直对各城门规划设计了城市的街道，南北向大街有 11 条，东西向大街 14 条，其中直通南面三门的三条街和直通东西六门的六条街是唐长安

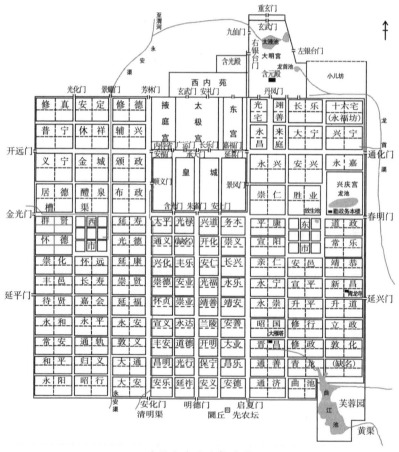

唐长安城平面复原图

（《中国大百科全书·考古学》）

城的城市主干道。大小街道又把城区分割成 110 个坊，受区域环境的制约，坊的大小在城中不同区域是不同的。坊四周都筑有坊墙，坊内布局官衙、寺庙和居民住宅。东市和西市对称分布于东、西城中，各占两坊之地。

洛阳城规模次于长安城，城市形制与平面布局与长安城有所区别。宫城和皇城位于外廓城的西北角，宫城在皇城之北，周围布局若干小城，位置均选择在地势高亢的地方，有利于安全防御。外廓城东北部和洛水南岸为里坊区。洛阳城共设 8 个城门，东面和南面均为三门，北面两门，西面未设门。东面三门依次为上东门、建春门和永通门，南面三门依次为长夏门、定鼎门、厚载门，北面二门依次是安喜门、徽安门。城内街道纵横交错形成棋盘式格局，洛水以北，南北向街道 4 条，东西向街道 3 条；洛水以南，南北向街道 12 条，东西向街道 6 条。定鼎门大街是外廓城中的主干道，称为天门街。这些街道把城市划分为 103 坊和南、北、西三市，同样形成了都城城市地名的体系。

唐代继隋以后，仍然推行二级制政区。不过在唐王朝创始人李渊称帝的第一年，在当时还是群雄割据、天下纷乱的情况下，即宣布了罢郡为州。唐代除玄宗天宝年间（公元 742—756 年）改州为郡外，郡名就在以后的宋、元、明、清各封建王朝中消失了，而州、县一直为各王朝地方政区的主体。贞观十四年（公元 640 年）唐辖 360 州，1557县，包括贞观间废并的 157 州，274 县，新置 75 州，175县。贞观以后，陆续增置了若干州县，包括真、昇、信、

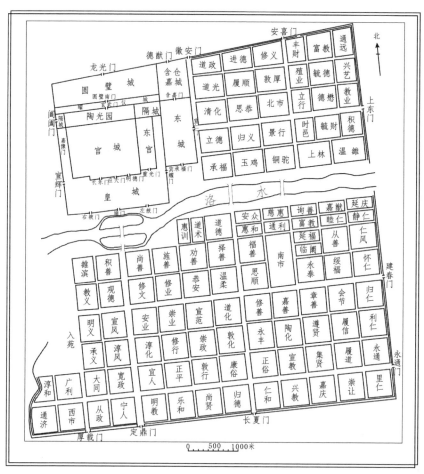

唐洛阳城平面复原图①

昌、宪、临、武、宿、孟等州。不过因曾改州为郡，故历史文献中有时州郡并称，如幽州范阳郡等（《新唐书·地理志》）。

在唐代的区划中，还出现了"道"的名称。道在汉代

---

① 方孝廉：《隋通济渠与东都洛阳城布局》，《华夏考古》，2009 年第 3 期。

时为县级单位的一种特殊类型，而唐代的道则不同，它是一种监察区，类似汉代的十三刺史部，始设于唐太宗贞观初年，当时分国内为十道，即关中、河南、河东、河北、山南、陇右、淮南、江南、剑南、岭南诸道。到玄宗时，又把京师（长安）附近划为京畿道，东都（洛阳）附近划为都畿道。此外，山南道和江南道都分为东、西，又增加了黔中道，合为十五道。从名称上看，道大都以山河等自然实体为分界线，又很像自然区划，实际上它却是一种监察区，由中央派出人员，任按察使，后又改为采访使，分区监察各地违法行为。当时，十五道虽然各有固定治所，但采访使仍以巡察为己任，非行政长官。

在唐人作品中以十道命名的不少。如梁载言的《十道志》、韦述的《十道录》、李吉甫的《元和十道图》和贾耽的《贞元十道录》等。关于道是政区还是监察区或地理区的问题，曾有过一些不同的看法，它在唐代确是深入人心的，并且三种性质实际都曾有过，这要根据具体时间，作具体分析。

唐代都城也和隋代一样，京都长安后设京畿道，东都洛阳设有都畿道。武则天当政时期，移都洛阳，称之为神都，又于太原置北都，当时合称为三都。中宗即位后，神都又改东都，朝廷返居长安，去北都称号，仍恢复两都。到了玄宗时又置北都，再改为三都。到肃宗至德二年（公元757年）出现了五京的称号，长安改称中京，其他四京为洛阳（东京）、凤翔（西京，今陕西凤翔）、成都（南京）、太原

（北京）四府。后南京又由成都移到江陵（今湖北江陵），不过第二年即废四京，专以长安为都。到代宗宝应元年（公元762年）又置五都（即前之五京），但不久又废去西、南两都，仅保留了上都长安、东都与北都称号。

唐初实行州领县二级政区制，但在边镇及襟带之地置总管府或大总管府，以兼领军务，设总管、大总管，与州刺史一样，同为地方军政长官。武德七年（公元624年），又改大总管府为大都督府，故唐代一级政区以州为主，还有总管府及大都督府等名目。此外，都督府还有上、中、下之分，如幽州大都督府、营州上都督府、代州中都督府、云州下都督等。

唐代除长安、洛阳、太原、广州、扬州稳定了双附郭县外，又增加了10对双附郭县，即益州：成都、蜀县，常州：武进、晋陵，苏州：吴县、长洲，魏州：元城、贵乡，幽州：蓟县、幽都，汴州：浚仪、开封，贝州：清河、清阳，越州：山阴、会稽，福州：闽县、侯官，凤翔府：雍县、凤翔，唐代郡治双附郭县共增加到15对。应该说明的是，凤阳府治双附郭县中的凤阳县置于至德二年，到永泰元年（公元765年），即废入雍县，并改名天兴（《元和郡县图志·关内道二》），这对双附郭县仅存在了8年时间。长安都城京兆尹双附郭长安、万年二县，至总章元年（公元668年）二月己卯，"分长安、万年置乾封、明堂二县，分理于京城之中"①，事实上已形成京城四附郭县。长安规模浩大，

---

① ［后晋］刘昫等撰：《旧唐书》卷5《高宗纪》，中华书局点校本，1975年。

户口盈积，市狱殷繁，原置两县抚治难周，成为析置乾封、明堂二县的首要原因，目的是"分理京城内"①，成为专门管理城市的县级行政管理机构。而长安、万年依例仍然管理长安城的北部坊市和城外乡里，至长安二年（公元702年），撤废乾封、明堂二县。② 这种由县管理城市而不再管理乡村的重要城市管理机构在唐代仅存在了 34 年，但它毕竟显示了中国古代城市管理的新理念。

唐代州郡府治与山河分野如下图所示：

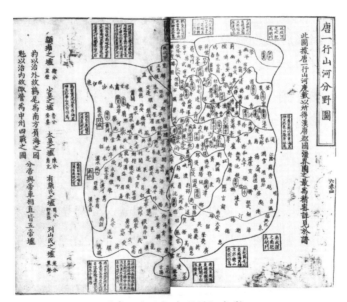

《唐一行山河分野图》书影

① ［宋］王溥辑：《唐会要》卷 70《州县改置上·关内道》，中华书局，1955 年。

② 《旧唐书·地理志》："乾封元年，置明堂、乾封二县"，"长安二年，废乾封、明堂二县"；《新唐书·地理志》第 962 页：万年，"总章元年析置明堂县，长安二年省"；长安，"总章元年析置乾封县，长安二年省"。据《唐会要·州县改置上》：到长安二年（公元 702 年）六月二日，撤销明堂县建制；长安三年（公元 703 年）六月二日，撤销乾封县建制。

四、唐代边疆地区的府

唐代盛时，其疆域大于汉、隋，对边疆地区的控制也较过去更加严密。在唐代所划分的道中，西部属陇右道，北部属关中道，东北则属于河北道。在这些地区又设立了一些带"府"字的机构，其所辖范围也称为府。这是我国历史上的通例。当时与边疆有关的府有二类：一为都护府，一为都督府。都护府远在西汉时即已设立，唐代因袭这一名称。都督府在边疆设立，也在内地设立，前面已经谈到。现略述都护府、都督府的情况如下：

1. 都护府。唐代在今新疆天山南北分别设立安西与北庭两都护府，其中心分别在龟兹（今库车）与金满（今吉木萨尔）两地。

设于关内道北境的都护府名目较多，变化很大，例如燕然、瀚海、云中、安北、单于［chán yú 蝉余］等。它们的治所也常常变更。唐玄宗开元二十九年（公元741年）单于都护府在今内蒙古和林格尔县附近，安北都护府则在今包头市西南的黄河北岸。

安东都护府初设于今朝鲜境内，后内迁到辽东城（今辽阳市），又迁新城（今抚顺市北），后又内移到今义县东南，不久即废。此外在岭南道的安南都护府设于高宗调露元年（公元679年），一度改名为镇南，驻地也略有变迁，但都在今越南的河内附近。

2. 都督府。唐代在边疆地区也设立了一些都督府，虽和内地的名称相同，但内容却相差很大。《新唐书·地理志》说："稍稍内属，即其部落列为州县，其大者为都督府。以其首领为都督、刺史，皆得世袭。虽贡赋版籍多不上户部，然声教所及，皆边州都督、都护所领，著于令式。"可见这些府、州与内地的有些不同，但在文教方面却未放松。那时安西都护府有月支、大汗、姑墨、疏勒、龟兹等 23 个都督府。北庭有大漠州、轮台州、金满州等 23 个都督府和游牧性质的濛池和昆陵二都护府。其他各处都护府所辖的都督府情况也可以按此类推，无须赘述。

值得注意的是，《旧唐书·地理志》说："龙朔元年（公元 661 年）西域诸国遣使来内属，乃分置十六都督府、州八十、县一百一十、军府一百二十六，皆隶属于安西都护府。"这里所说比县数还多的军府可能就是内地所称的折冲府。折冲府是设在某些县境内训练民兵的机构，不能和一般州县衙门混为一谈。事实上，唐王朝在边远民族地区设置的这些地方行政机构，带有明显的羁縻性质，被称为羁縻府、州、县，多达 800 余个。

五、唐代的藩镇

唐代，自睿宗景云年间（公元 710—712 年）先后置幽州镇守经略节度大使、河西节度使，始有节度使称号。玄宗开元二十一年（公元 733 年），在分天下为十五道的同时，又于边境置节度使、经略使，以镇抚四夷，加强边防，共置安西、北庭、河西、朔方、河东、范阳、平卢、陇右、剑南九节度使，岭南五府经略使（《旧唐书·地理志》）。

节度使、经略使本是典军之职，但因被差遣时，赐给双旌双节（是代表朝廷办事的凭证），所以权力很大。"安史之乱"的罪魁安禄山就是利用他身兼范阳、河东、平卢三节度使的机会，凭借不断膨胀的军政权力酝酿并发动了震惊朝野的叛乱。肃宗至德（公元756—758年）之后，中原用兵，刺史皆治军务，而"要冲大郡，皆有节度之额；寇盗稍息，则易以观察之号"（《旧唐书·地理志》）。乾元元年（公元758年）后，节度使逐渐总揽了地方军、民、财政及监察大权，成为地方军政长官和割据一方的土皇帝，是为藩镇，或称方镇。

据《旧唐书·地理志》，中唐时期共置节度使、经略使、观察使47处：东都畿汝防御观察使，治洛阳；河阳三城节度使，治孟州；宣武军节度使，治汴州；义成军节度使，治滑州；忠武军节度使，治许州；天平军节度使，治郓州；兖海节度使，治兖州；武宁军节度使，治徐州；平卢军节度使，治青州；陕州节度使，治陕州；潼关防御镇国军使，治华州；同州防御长春宫使，治同州；凤翔陇节度使，治凤翔府；邠宁节度使，治邠州；泾原节度使，治泾州；朔方节度使，治灵州；河中节度使，治河中府；昭义军节度使，治潞州；河东节度使，治太原府；大同军防御使，治云州；魏博节度使，治魏州；义昌军节度使，治沧州；成德军节度使，治恒州；义武军节度使，治定州；幽州节度使，治幽州；山南西道节度使，治兴元府；山南东道节度使，治襄州；荆南节度使，治江陵府；剑南西川节度使，治成都府；剑南东川节度使，治梓州；武昌军节度使，治鄂州；淮南节度使，治扬州；浙江西道节度使，治润州；浙江东道节度使，治越州；福建观察使，治福州；宣州观察使，治宣州；江南西道观察使，治洪州；湖南观察使，治潭州；黔州观察使，治黔州；岭南东道节度使，治广州；岭南西道桂管经略观察使，治桂州；邕管经略使，治邕州；容管经略使，治容州；安南都护节度使，治安南府；秦州节度使，治秦州；凉州节度使，治凉州；瓜沙节度使，治沙州。此即《元和郡县图志》曾提及的当时47镇（即藩镇）。而"乾符（公元874—879年）之后，天下乱离，礼乐征伐，不自朝廷"，藩镇之祸，加速了唐帝国的灭亡。

六、五代与十国

唐代中叶以后，经过"安史之乱"，社会动荡，民不聊生，而统治阶级却力图利用大小军阀对人民进行镇压。黄巢等人领导的人民起义军遭受挫折，藩镇割据局面给人民带来更大的痛苦。公元907年朱全忠篡夺了唐朝的帝位，以宣武节度使治所开封（今河南开封市）作为首都，建立了梁王朝。在此前后，力量大的军阀在为争夺这个中原帝位而斗争，力量小的则在周边地区形成你争我抢的割据势力，这就是历史上的五代十国时期。

"五代"指中原地区相继出现的后梁（公元907—923年）、后唐（公元923—936年）、后晋（公元936—947年）、后汉（公元947—950年）、后周（公元951—960年）五个朝代；"十国"指南方和河东地区先后建立的吴、南唐、吴越、楚、闽、南汉、前蜀、后蜀、荆南（南平）、北汉十个割据政权。其中吴析江宁府附郭上元县置江宁县，上元、江宁二县成为江宁府治双附郭县；吴越析杭州附郭钱塘县，及盐官、富春县治钱江县，钱塘、钱江二县成为杭州州治双附郭县。此外，当时还存在过若干更小的割据政权，如后梁乾化元年（公元911年）八月，刘守光割据幽州，僭号大燕皇帝，改年号为应天，即其中一例。

中晚唐时期，北方契丹势力日渐强盛，并趁中原藩镇割据，不断南下攻掠。公元936年，后唐河东节度使石敬瑭为谋取帝位，公然将幽（今北京）、蓟（今蓟县）、瀛（今河间）、莫（今任丘市北）、涿（今涿州）、檀（今密云）、顺（今顺义）、新（今涿鹿）、妫〔guī归〕（今怀来）、儒（今延庆）、武（今宣化）、云（今大同）、应（今应县）、寰（今朔州市东北）、朔（今朔州市）、蔚（今蔚县）等十六州地割让契丹，换取了"儿皇帝"称号，建立后晋，年号天福。幽云十六州地丧失后，被后周世宗于显德六年（公元959年）先后收复郑州、瀛州。周世宗病逝后，北宋建立，辽、宋两国最终划白沟为界，形成南北对峙局面，达180余年。五代十国时期，地方行政制度和建置基本沿袭唐制，政区地名没有发生太大变化。

七、渤海、契丹、南诏与吐蕃

唐与五代时期的边疆地区，还有一些比较重要的独立政权，它们都和中原地区有着政治、经济、文化各方面的联系，其中有东北边疆的渤海与契丹和西南地区的南诏、吐蕃〔bō 播〕等。

渤海为靺鞨〔mò hé〕族所建，位于粟末水（松花江）、忽汗河（今牡丹江）一带，其首领大祚荣自立为振国王，后被唐封为渤海郡王、忽汗州都督，其后振国即称渤海国。其盛时有五京：上京龙泉府（今黑龙江宁安市东京城）、中京显德府（今吉林省敦化市）、东京龙原府（今吉林珲春市西南）、南京南海府（今朝鲜咸镜南道咸兴市）、西京鸭绿府（今朝鲜慈江道土城里附近），15 府，62 州，130 余县。都城与唐在经济文化方面交往甚密。后为契丹所灭。

契丹为唐松汉都督府辖境内的一支鲜卑族牧民。在其杰出领袖耶律阿保机的领导下，他们统一八部，形成国家，号契丹，并逐步向外扩展。到五代后唐时，石敬瑭以割地、称臣、称子为条件，取得契丹帮助，得以登上后晋的帝位。石敬瑭不久病死，侄儿继位，契丹以其不恭，又大举南下，在晋都开封大肆抢劫，遭到人民强烈的反抗。契丹主耶律德光还在开封着汉衣冠，受百官朝贺，并从这年（公元 947年）改国号为辽。耶律德光不久死去，灵柩由其子兀欲护送北返。辽取得后晋所割土地后，进一步接受中原文化，也成为角逐中原的一支巨大力量。

南诏的政治中心在今云南大理，原称蒙舍诏，是当时由乌蛮、白蛮组成的六诏之一。六诏指六个奴隶主政权，其中南诏最强，兼并各诏后即以南诏为国名。都城为太和城（今云南大理南太和村）。唐王朝曾封其首领皮罗阁为云南王。南诏政区仿唐制，分全国为弄栋、拓东、永昌、剑川、银生、丽水六个节度区和会川、通海两个都督区，地名中有很多带"睑"（jiǎn 俭，或写作赕，dǎn 胆）字，有人认为相当于州。南诏和唐虽然也常有一些冲突，但资源、技艺、文化、人才方面的交流，密切了人民之间的友好关系，这是两者关系的主流。

吐蕃为中国古代藏族政权名。公元 7 世纪初赞普（王的意思）松赞干布建立统一国家，都于逻些（lā sà，也叫逻裟、拉撒，今拉萨）。吐蕃王曾向唐求婚，因而有文成公主与金城公主两次远嫁的佳话。虽然两者之间也曾有过青海与大非川（青海湖西南）之战以及争夺安西四镇（龟兹、疏勒、于阗、焉耆）的斗争，但比起"和同为一家"（吐蕃君长上玄宗表的话，见《旧唐书·吐蕃传》）来，则是暂时性的。唐穆宗长庆元年（公元 821年）吐蕃君长请求会盟，次年即派人盟于逻些，长庆三年（公元 823 年）所立的唐蕃会盟碑（又称"甥舅和盟碑"），至今仍矗立在拉萨的大昭寺前，汉藏人民间的团结友爱是历史发展的主流。

八、隋唐地名要籍及地名研究

隋唐时期，随着地理学的发展，地名研究亦相应地深入与提高了。当时除《隋书·地理志》《旧唐书·地理志》《新唐书·地理志》外，还出现了不少记录着大量地名的全国总地志、地方图经志书和地图。可惜受那时印刷条件的限制，保存下来的为数甚少。其中隋代有郎茂撰 100 卷的《隋州郡图经》和崔赜［zé 责］等撰 1200 卷的隋《区宇图志》。很可惜，两书均已散佚。据《汉唐地理书钞》辑录，两书均含有对地名渊源和地名沿革的说明。如前书解释雁门县枣户城和金陵古冶城说：

> 雁门县有枣户城，初筑此城，以地多枣树为名；
> 金陵有古冶城，本吴铸冶地也。

唐代《括地志》和《元和郡县图志》也是全国性总地志。《括地志》由唐初魏王李泰编纂，共 555 卷，成书于贞观十六年（公元 642 年），可惜仅存辑本。《元和郡县图志》由中唐宰相李吉甫撰，共 42 卷（含目录两卷），成书于元和八年（公元 813 年）。因该书除志文外，附有不少地图，故称作图志，在流传过程中地图佚失（志文亦佚数卷），故后世学者称其为《元和郡县志》。

从这两部著作及同时期的其他一些舆地书的内容来看，

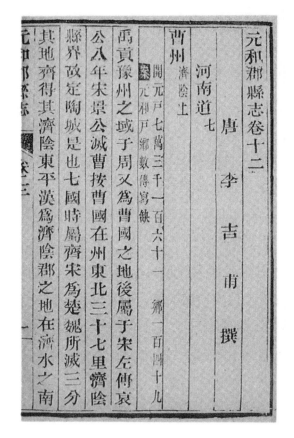

李吉甫《元和郡县志》武英殿聚珍版

唐代地名研究又出现了新的进展，主要表现在以下几个方面：

1. 地名解释的数量增加。《汉书·地理志》共收录地名4500多个，从不同角度作解释，包括地名渊源解释的共778个，只占21.7%；而《括地志》（辑本）收录地名2240多个，从词义、因山、因水、史迹、方位、人物、形象、物产、祥瑞等不同方面作解释的达100%；《元和郡县志》（残本）收录地名 4371 个，从不同方面作解释的地名占 95％以上。其中最突出的特点是对地名语源和语义解释的增加。

2. 地名解释内容扩展。作为全国性地志，两书对地名的解释，取材丰富，均兼具地名学与地志学两个方面的内容。单就地名学方面来说，从《汉书·地理志》到《元和郡县志》，在地名解释上，由不录地名的别名到记录别名，这当然是地名研究的一个进步，也是地名解释内容的扩展。如《括地志》指出：定州恒阳县，"北岳有五别名，一曰兰台府，二曰列女宫，三曰华阳台，四曰紫台，五曰太一宫"，完善了地名别名的概念，丰富了地名学的内容。

3. 地名渊源的记录更多，总结更科学。在归纳和总结地名渊源的类别方面，《汉书·地理志》仅有 7 类，《水经注》24 类，《元和郡县志》亦达到 24 类。如《元和郡县志》释咸阳：

山南曰阳，水北曰阳，县在北山之南，渭水之北，故曰咸阳。

《括地志》释绛县乾河：

其水冬干夏流，故曰乾河。

咸阳与乾河两地名均具有语源和语义的双重渊源。

4. 地名读音和书写的规范化。地名读音与书写的规范化，是两书对《水经注》的深入与发展。如地名的读音，汉代征县，"后人误为澄县"。《元和郡县志》指出，"韦昭云，'征，音惩'，征、澄同声"。又汉代有略畔道，唐置乐蟠县，《元和郡县志》则指出，"按略畔、乐蟠，皆指此城，方言讹舛，故不同耳"。关于地名的书写，唐置围川县，"取今县南沣川水为名"，《元和郡县志》则进一步指出"围"字来源，"沣，近代讹作围"。《括地志》指出，"雍州南鄠县，本夏之扈国也，《地理志》云：鄠县古扈国，有户亭。《训纂》云：'户、扈、鄠三字，一也，古今字不同耳'"，这种古今地名之不同也是地名书写讹误的结果。指出地名因读音与书写不同，容易造成地名的混乱，这本身就是地名读音和书写的规范化工作。

5. 地名的考辨与地名命名原则的归纳。对地名的考辨是地名研究的重要内容，始于唐代《括地志》和《元和郡县图志》。《括地志》考证"长安"得名："按史传所载长安之名旧矣。又卢绾封之初，项羽未灭，盖长安得名，非始于汉，但未详所在耳。及高祖入关，乃取长安以名县也。司马迁云：'长安，故咸阳县。'据当时之名，因终说其事，非封卢绾之日改咸阳为长安矣。又按《史记》，赵亦有长安君，未详赵取嘉名，将更有长安地名也。"（《长安志·长安县引》）此乃地名考辨的佳例。《元和郡县图志》考据"济水"："源出赞皇山，西北流，去县南十里。此自别是一济水，应劭以为四渎，误也。"李吉甫指出，源出赞皇县的济水，并非四渎之一，是正确的。江河淮济四渎之一的济水，真正发源于济源王屋山。

在地名命名原则方面，两书又做了很好的归纳和总结，如《元和郡县图志》归纳了因山、因水、因城、因事、因嘉名、因年号、因语源等方面。例如取嘉名，《元和郡县图志·乌水》云："初，统万城成，（赫连）勃勃下书曰：'今都城已建，宜立美名（嘉名）。朕方统一天下，君临万国，宜立"统万"为名。'"统万城虽成废墟，但至今影响很大。嘉名是中国地名命名的原则之一，其蕴含祥瑞、祈愿美好之意。早在汉代，"里名以嘉名为多，这是中国地名的特点，因而如万岁、万年、长乐、千秋、安汉、富贵等里名便为许多县所共有"。[①] 总之，自古以来，地名中的嘉名不绝于史籍和社会用语中。年号地名，最早始于东汉建安八年（公元 203 年），之后东吴、南朝齐、北魏，均有以年号命名地名的情况。至唐代有 13 个年号被 14 次用于 14 个府县（包括军）地名。例如，《元和郡县图志·道州》载大历县，"本汉营道县地。大历二年（公元 767 年）观察使韦之晋奏析延唐县。于州东置，因年号为名"。大历是唐代宗李豫的年号。

在失传的书中，有些重要内容常被其他书所引用而被保存下来。有人将这些引文再搜集排比成册，仍用原来的书名，这叫作辑佚工作。例如清人王谟所辑的《隋州郡图

---

① 周振鹤：《新旧汉简所见县名和里名》，载《历史地理》第 12 辑，上海人民出版社，1995 年。

经》、孙星衍所辑的《括地志》都是佳本。我们今天赞美宁夏的银川平原为"塞上江南",以为这是近代的事,可是根据《隋州郡图经》的记载,北周和江南的陈国大战于徐州,俘虏南兵 10 多万,将一部分江南的官兵安置在灵州(今灵武)一带屯垦,故出现"塞上江南"的提法。《隋州郡图经》之所以对"塞上江南"做出这样的解释,可能早在隋前银川平原就已经有了这一雅称。

隋、唐两代的《隋州郡图经》、《括地志》和《元和郡县图志》这三部巨著有可能都是当时包括地名最多的书,都有助于我们对古代地名的了解,当然其中讹误也是难免的。《元和郡县图志》既说楚将钟离眜是朐县(在今连云港市)人,又将其家乡伊庐说成在今湖北襄樊市西北的古中庐县。像这样失于考核的错误还是有一些的。李吉甫身居政府要职,学术活动难免要依靠一些助手,资料来源不一,其中讹误也是难免的。他还著有《古今地名》三卷,可惜早已失传。

除此之外,盛唐时期政府开始注意地名的整理(地名部分标准化)工作,包括更改重名县名、不稳县名、文相类声相近的地名用字:(1)解决文相类声相近的地名用字。《旧唐书·玄宗本纪》载:"开元十三年(公元 725 年)二月丙子,改豳州为邠州、郑州为莫州、梁州为襄州、沅州为巫州、舞州为鹤州、泉州为福州,以避文相类及声相近者。"事实上,这段文字被《唐会要》作为诏书记载下来,说明政府也确实着手解决地名用字"文相类声相近"的问题了。（2）更改重名、不稳定地名。据《旧唐书·玄宗本纪》记载，唐朝政府还曾于天宝元年（公元 742 年），更改重名和不稳县名 110 处。根据华林甫查核研究，检出明确记载天宝元年更改的重名和不稳县名共 92 处（重名 48 处，不稳县名 44 处），尚有应改而未改的县名 18 处。恰好是 110 处。[①]（3）更改避讳地名。地名避讳始于隋代，隋文帝之父杨忠祖孙三代共改动避讳地名 48 个。唐代自高祖李渊五世祖李熙共改动避讳地名 54 个。隋、唐两代共改动避讳地名 102 个。[②]事实上，避讳地名的改动本身对于社会没有太大实质性的意义，应该唾弃。总之，我国唐代地名研究的内容及涉及的领域较过去明显扩展了。

在用地图反映地名历史变化方面，唐代学者贾耽首创了"古墨今朱"、双色注记的制图技术，为编制历史地图，准确地反映行政区划变动和地名沿革提供了可靠的技术手段。贾耽就是利用这一技术绘制了著名历史地图《海内华夷图》。"古墨今朱"的双色注记地名及相关制图技术长期为后世学者继承和运用。直到今天，谭其骧主编的《中国历史地图集》、侯仁之主编的《北京历史地图集》还是运用了唐代贾耽创造的这一制图技术。

唐代高僧玄奘的《大唐西域记》则是记载域外地名的一部要籍。他在印度求法 17 年，曾在当时佛学中心那烂陀

---

① 华林甫：《中国地名学源流》，湖南人民出版社，2002 年。
② 华林甫：《中国历史上的地名避讳》，《地理知识》，1992 年第 2 期。

寺学习，该寺地处今巴特那东南90公里。回国前他曾经在一次有18个国王、6000多僧众参加的辩论大会上作中心发言，竟无一人敢置异辞，可见其对佛学研究的渊博精深。他的足迹遍于五印度，归程中取道陆路，返回长安。在《大唐西域记》一书中，他所述国家就有137个（其中也包括一些目前在我国境内或属于唐代陇西道管辖的地方），其下属地名当然为数众多。有关地名渊源的释例，举例如下：千泉，"千泉者，地方二百余里，南面雪山，三陲平陆；水土沃润，林树扶疏，暮春之月，杂花若绮，泉池千所，故以名焉"；葱岭，"葱岭者，据赡部洲中，南接大雪山，北至热海、千泉……多出葱，故谓葱岭，又以山崖葱翠，遂以名焉"。

敦煌地理文书约有40种，如《贞元十道录》、《沙州都督府图经》、《诸道山河地名要略》、《沙州地志》、敦煌博物馆58号文书等都记录了一定数量的地名，少则数十个，多达近千个，具有丰富的地名内容和地名学价值。尤其是西北地区图经志书，更是地名学史上的宝贵著作，值得深入研究。

记录海上地名较重要的当推贾耽的《广州通海夷道》，附载于宋人所编的《新唐书·地理志》中，包括山、石、国、洲、河、海、城等名称，是探索这一带地名的重要资料。

第五章　宋辽金夏时期的地名

一、两宋都城的厢坊

北宋都城仍依五代旧制为东京开封府，西京河南府（今洛阳）名称也未改变。此时升宋州（今商丘市）为南京应天府。因为这里曾是宋太祖任归德军节度使时的驻地，被看成是龙飞之所，因而立国之后，不仅用作国名，并且升宋州为南京。北京大名府（今河北大名县）则为捍卫京畿与经略北方的重要据点。这是北宋"四京府"之制。需要说明的是，当时府与州同级，府是特殊的州，所以"州郡之名，莫重于府"（《容斋四笔·州升府而不为镇》）。唐代除了上一章介绍的各类府外，内地只在各京都置府，例如成都与江陵都曾先后作为五京之一，故分别称为成都府、江陵府，但罢都以后，又改称益州与荆州。可是到北宋时，江宁（今南京）、兴元（今汉中）、真定（今正定）等一些与都无关的州治城市逐渐成为府了。

宋承五代之制，首先在都城开封府设立了厢制。至道元年（公元 995 年）十一月，诏改京城内外坊名，旧城内左第一厢二十坊，第二厢十六坊，右第一厢八坊，第二厢二坊，新城内城东厢九坊，城西厢二十六坊，城南厢二十坊，城北厢二十坊（《宋会要辑稿·方舆》）。真宗大中祥符元年（公元 1008 年），又将厢制推行于城外郊区："置京新城外八厢，真宗以都城之外，居民颇多，旧例惟赤县尉主其事，至是特置厢吏，命京府统之"（《宋会要辑稿·兵》）。即厢吏直隶于开封府，遂使厢成为独立于附郭之京县开封与祥符的城市行政机构。

到天禧五年（公元 1021 年），对开封城内外的厢作了整顿，主要是：（1）新城外置九厢，比原来增加一厢，新、旧城里增为十厢。（2）厢吏有增有汰。大中祥符二年（公元 1009 年）诏新城外只置厢虞侯，"每五百户以上置所由四人，街子三人，行官四人，厢典一名"（《宋会要辑稿·兵》）。

城市规模的扩大，人口的增加，管理制度益加完善，使城市本身及附郭县与古代坊市之间增设了厢这一管理体制。除开封设有都厢外，北宋文献中明确记载设厢的城市有：北京大名府，"左右四厢，凡二十三坊"（《玉海·宋朝四京》）；楚州（今淮安），"城外旧有西、北两厢官"（《宋会要辑稿·兵》），城内亦应设有厢官；许昌有"内外厢界"（《避暑录话》卷上），应设有厢；太原城南草市有厢巡，"以厢四人巡逻"（《宋会要辑稿·兵》）；钱塘州城旧有左、右厢巡检二人；温州城外"四厢八界"（《漫塘文集》

卷 14）。

关于城厢的隶属关系，如建康府"城内五厢，城外二厢"（《景定建康志·建康表八》），其中"城南厢，环以村落，谓之第一、第二、第三都，皆隶本府江宁县"（《西山先生真文忠公集》卷 14）。福州城属闽县六厢、侯官县三厢、怀安县二厢（《淳熙三山志·诸厢禁军》）。苏州"在城地，旧设四厢，以领民事"（《元一统志·江浙等处行中书省》）。可见地方设厢城市内外诸厢均隶属于县。因此，地

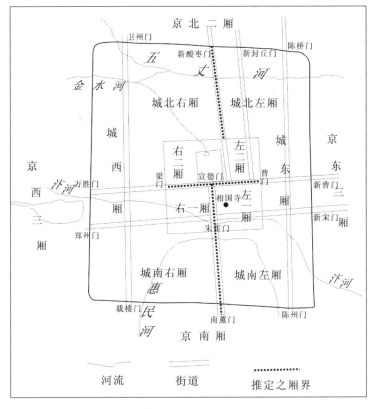

开封府城内外厢的分布

方城市的厢只是城市社区的分区管理机构，上属县，下设坊，负责城区的治安和民事，又与乡镇行政平行隶属于县。而都城开封府勾当左、右厢公事所则属都厢，上属开封府，下设厢坊，与赤县和县行政平级。

值得注意的是，厢制在临安府城得以延续并发展。绍兴二年（公元 1132 年），将原钱塘州城内的两厢变为四厢，每厢置巡检一名，由次军都指挥使充任。到乾道年间（公元 1165—1173 年），在城有八厢：宫城、左一、左二、左三厢；右一、右二、右三、右四厢（《乾道临安志·在城八厢》）。到淳祐年间（公元 1241—1252 年），在城已有九厢：宫城、左一北、南厢，左二、左三厢，右一、右二、右三、右四厢（《淳祐临安志》）。南宋都城诸厢之上，设有都厢，每厢由"吏部注大小使臣，分治烟火贼盗公事"。在"府城之外，南北相距三十里，人烟繁盛，各比一邑"，至绍兴中，即于郊外设立了都厢，地位相当于县。按《咸淳临安志》，城外东部、南部由城南左厢公事所主管，西部、北部由城北右厢公事所主管。

厢制除管理都城之外，若干地方城市也由城内设立的厢来管理：

建康府，《景定建康志》中记载右南厢、右北厢、左南厢，隶于江宁县。

镇江府，本润州，城有东西厢、左南厢、左北厢、右南厢、右北厢。《至顺镇江志》载，咸淳年间（公元 1265—1274 年），"在城五隅（厢），户八千六百五十九，口三万八

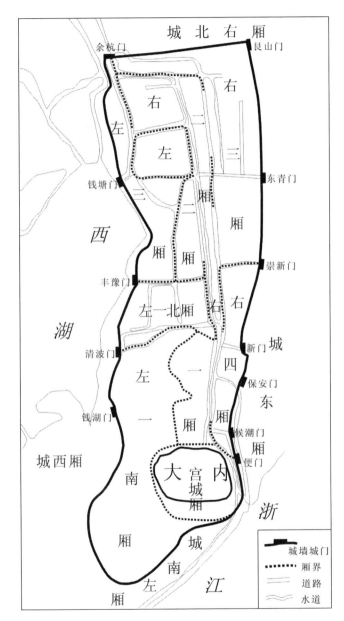

城北右厢

余杭门　艮山门

右

右
一

左
三
厢

左

钱塘门

三厢

三
厢

二
厢

二
厢

西

右

厢

厢

湖

东青门

崇新门

丰豫门

左一北厢

右

厢

城

清波门

左

一

新门

四

钱湖门

一

厢

厢

保安门

东

候潮门

厢

便门

厢

城西厢

南

大

宫
城
厢

内

浙

厢

厢

城

江

左

南

厢

城墙城门
厢界
道路
水道

南宋临安城内外厢的分布

千三百八十五"。

严州，分左、右厢，各七坊（《淳熙严州图经》）。

四明，宝庆间（公元 1225—1227 年）设有东南厢、东北厢、西南厢、西北厢、甬东厢（城外）；开庆间（公元 1259 年），增设府西厢，共六厢（《宝庆四明志》《开庆四明续志》）。

常州，有子城厢、河南厢、左厢、右厢，共四厢（《咸淳毗陵志》）。

湖州，嘉泰间（公元 1201—1204 年）设左一、左二、右一、右二，共四厢（《嘉泰吴兴志》）。

嘉兴府城，"宋置南、北、西三厢，至元十三年（公元 1276 年）废"（《至元嘉禾志》）。

绍兴府城，在城设第一至第五厢。

据《元史·地理志》记载，在宋代设有厢制的城市还有宁国府、徽州、饶州、太平州、福州、兴化军、隆兴府、抚州、韶州、衡州、武冈军及其他文献记载的泉州、温州、漳州、潮州、泸州、真州、楚州、池州、苏州、庐州。

二、宋代的路与军、监和羁縻州县

北宋统一了中原地区，结束了五代十国的纷争局面，但其北面却有辽的兴起，西北方面有西夏的建国，又形成了三足鼎立的局面。宋王朝鉴于唐王朝的衰亡在于地方上拥有过大的军权财权，尾大不掉，所以在立国后即采用

"强干弱枝"的办法，先是"杯酒释兵权"，把主要武装力量控制在皇室手中，后来又在政区的调整与改革方面，下了一番功夫，实行路、府、军、监、县制度。

宋立国初期曾因袭唐制，分全国为十三道：河南、关西、河北、河东、淮南、江南东、江南西、陇右、山南东、山南西、剑南东、剑南西、岭南。太宗至道三年（公元997年）又改为十五路：京东、京西、河北、河东、陕西、淮南、江南、荆湖南、荆湖北、两浙、福建、西川、峡路、广南东、广南西。到神宗元丰八年（公元1085年）又增为二十三路：京西南路，治襄阳府；京西北路，治河南府；京东东路，治青州；京东西路，治应天府；河北东路，治大名府；河北西路，治真定府；永兴军路，治京兆府；秦凤路，治秦州；河东路，治太原府；淮南东路，治扬州；淮南西路，治寿州；两浙路，治杭州；江南东路，治江宁府；江南西路，治洪州；荆湖北路，治江陵府；荆湖南路，治潭州；成都府路，治成都府；梓州路，治梓州；利州路，治兴元府；夔州路，治夔州；福建路，治福州；广南东路，治广州；广南西路，治桂州。"路这个区划介于监察区与行政区之间，它比监察区的权力要大一些，但也不等于完全一级行政区。宋朝时代，路的长官的权力不等于魏晋南北朝时的州的长官，也不等于唐代'安史之乱'之后道的长官，但是要比汉代的刺史、唐初的采访使的权力要大一些。宋朝的路至少有三个长官（有的还不止），一个长官管财政、行政，叫转运使；一个长官管军事，叫安抚使；

一个长官管司法、监察，叫提点刑狱。所以每一个路有三个机构，三个长官，每一个长官的权力就不会很大了。宋朝时的州，有很多事务还是可以直达中央的，所以宋朝时的制度，可以说是介于三级、二级之间的制度。"①

神宗元丰八年的二十三路是就转运使所辖而言。"庆历元年（公元 1041 年）分陕西沿边为秦凤、泾原、环庆、鄜［fū 夫］延四路。八年（公元 1048 年）河北置大名、高阳关、真定、定州四路。熙宁五年（公元 1072 年）陕西又置熙河路，此特为军事而设，每路设安抚使，兼马步军都部署（后避英宗讳改称都总管）。其民事仍领于转运司，故不在十八路、二十三路之数。初陕西只有一转运司，及熙宁时收熙河路，乃分转运司为二，一治永兴军，曰永兴军路；一治秦州，曰秦凤路。"（钱大昕《十驾斋养新录》）后来到崇宁四年（公元 1105 年）复置京畿路，成为二十四路。

北宋政区中还增添了军、监等新的设置。军在唐代为驻守边地的部队名称，大的叫军，小的叫守提。五代时军列为政区，不仅管军队，又辖民政土地，但不辖县而隶属于府、州。到宋代则正式列为政区名称，统辖县、城、镇、堡、寨，形成较特殊的行政建制体系。有辖县与不辖县二种，辖县的隶于路，不辖县的则属于州。例如在今河北省保定市东北有北宋时所设的安肃军及其所领的安肃县，原为五代时北周的梁门口，其西偏北为北宋时的广信军及其

---

① 谭其骧：《地方志与总志及历代地方行政区划》，《方志文摘》，第四辑。

所领的遂城县，这两个军都有辖县，故属于州级，一向有"铜梁门，铁遂城"之称，因其险固难攻，可以阻止辽兵的南下而得名。

监则设立在有各类产业的地区。这里有矿冶、铸钱、煮盐、制茶以及牧马等产业。有的监名在宋前早已出现，不过到宋时才明确列为政区，和军一样也有与州同级和与县同级二类。与州同级的如属于荆湖南路的桂阳监，辖有平阳、蓝山二县，境内有著名的白竹和毛寿、九鼎等银坑。又如成都府路的陵井监，后改名为仙井监，以出产井盐著名，辖有仁寿、井研二县，这是比较著名的两处。与县同级的则有设于铸钱、铁冶、养马、煎盐等一类地区的监，这也反映出当时生产发展与经济繁荣的盛况。

据《宋史·地理志》载，宣和四年（公元1122年），北宋版图行政区划为"路二十六，京府四，府三十，州二百五十四，监六十三，县一千二百三十四"。在府州中仍有京兆府、河南府、开封府（汴州）、大名府（魏州）、成都府（唐玄宗前为益州）、江宁府、苏州、常州、越州、广州、扬州、杭州12个府州治所拥有稳定的双附郭县，又有太原府、恩州（贝州）、扬州先后失去双附郭县地位，成为单附郭县，另有4个州治设置了双附郭县，即洪州：南昌、新建，湖州：乌程、归安，建州：建安、瓯宁，潭州：长沙、善化。北宋共有16对双附郭县。宋代县下辖乡镇，例如，广南西路贵州郁林县领4乡11镇，郁林州南流县领4乡1镇，白州博白县领6乡1镇，容州陆川县领6乡1镇（《元丰九域志·广南西路》)。

宋代承袭唐代对边远民族地区实行"以故俗治"的民族政策，主要是在西南地区设立羁縻州县，仅广西西南部即设羁縻州 54 个，州下设县、峒，并以土酋任知州、知县、知峒等职，子孙世袭，贡赋不入户部。这种制度又称土官制。这一政策的推行加速了民族融合。

三、辽五京五道与"十六州"

辽国原称契丹，立国与五代的梁同时，其典章制度主要以唐为样板，政区的划分也不例外，其领土分建上京、东京、中京、西京、南京五京，并置五京道。据《辽史·地理志》，辽代行政区划计有"总京五、府六、州军城百五十六、县二百有九、部族五十有二、属国六十"。

辽五京道所属州县统计

京道名	治所	京府	辖府	节度使州	观察使州	防御使州	刺史州	头下州	散州	边防州	军	县
上京道	上京	临潢		8	1		2	16		9		30
东京道	东京	辽阳	9	22	4	3	40		8		2	79
中京道	中京	大定	1	6	3		13					42
南京道	南京	析津		1			8					31
西京道	西京	大同		6			8			1	2	35
合计			10	43	8	3	71	16	8	10	4	217

资料来源：《辽史·地理志》

注：本统计数据与《辽史·地理志》总计略有差别，特此说明。

契丹地理之图（曹婉如主编：《中国古代地图集：战国—元》）

上京临潢府：初名皇都，后改名上都，为上京道治所。府名临潢，附郭临潢县，在今内蒙古赤峰市所辖的巴林左旗附近。以近潢河（西拉木伦河）得名，主要包括今内蒙古自治区东部及蒙古人民共和国与俄罗斯部分地区。

东京辽阳府：天显三年（公元928年）以东平郡（今辽阳市）为南京，后改为东京，府名辽阳，为东京道治所辽阳县。

中京大定府：辽圣宗统和二十五年（公元1007年）置，称中京，府名大定。在今内蒙古赤峰市所属宁城县附近，为中京道治所，并置有双附郭县：大定、长兴。

南京析津府：原唐与五代时的幽州，城周26里，开8门，东面安东、迎春，南面开阳、丹凤，西面显西、清晋，北面通天、拱辰。子城即内城，周5里，北曰子北，东曰宣和，正是《太平寰宇记》引《郡国志》所说幽州蓟城"开十门"。幽州被石敬瑭割予契丹后，契丹于会同元年（公元938年）立为南京，府称幽都（今北京），后又改为析津，为南京道治所。析津府仍置有双附郭县：宛平、析津。

西京大同府：原唐与五代时的云州。重熙十三年（公元1044年）建为西京，府名大同，为西京道的治所，并置有双附郭县：云中、大同。至此，辽宋时期，共有双附郭县19对。

辽的南京、西京两道是在石敬瑭割给契丹十六州的基础上建成的。有了这十六州，契丹以此作为基地，不断南侵，参与了中原霸权的争夺。

兴中府唐初为营州总管府，开元治柳城。辽太祖平奚，及俘燕民，修葺柳城，号霸州彰武军节度，统和中，隶积庆宫，后属兴圣宫，重熙十年（公元1041年）升兴中府，为治所，兴中县附郭。

为加强对城市治安的管理，辽五京均置有一种叫作警巡院的机构，到辽代中后期，所设警巡使主管城市行政事务。其中，南京继承幽州城旧制，仍划分为26坊。据鲁琪《唐幽州城考》和于德源《北京城市发展史·先秦—辽金卷》考据，唐、辽幽州（南京）城市26坊当系蓟宾、卢龙、肃慎、花严、辽西、铜马（骏坊）、蓟北、燕都、军都、招圣、归仁、东通圜、劝利、时和、遵化、平朔、归化、隗台、永平、北罗、齐礼、显忠、棠阴、归厚、玉田、开阳坊（里），领属于析津府警巡院。

一般都认为宋、辽所争夺的即石敬瑭割让给契丹的十六州，实际并不确切。因为这十六州中的瀛州和莫州已在五代时由后周的世宗（柴荣）从契丹手中夺回，后即由宋继承，北宋末年还把瀛州升为河间府，因而宋、辽争夺的仅有十四州。此外，在一些古籍中往往称为"燕云十六州"或"幽蓟十六州"，二者都有一些语病。云州指今大同市，但今北京市当时称为幽州，并无燕州称号。称为"幽蓟"则又未能包括西部的云州等地，当然也可用古代燕国以及附近的燕山来解释，但毕竟后面有个州字，仍然是说不通的。南宋末年的学者王应麟在其作品中称"石晋十六州"，不言而喻，也是就后晋所割让的十六州而言的。

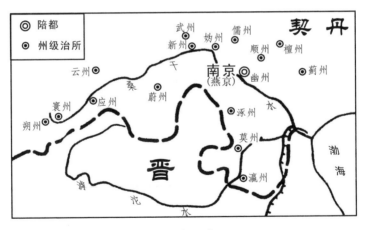

幽云十六州

宋王朝取得幽、云等所谓十六州的美梦后来一度实现，那是借助于新兴的金王朝灭辽的机会，以巨额的银、绢买下了一些空城，所计划设立的燕山府路与云中府路（两路的治所分别为过去的幽州和云州）还谈不上昙花一现即消失了，这个美梦只不过是一场幻梦，甚至是一个噩梦。因为金兵不久即南下，于公元 1127 年俘虏了宋徽宗和宋钦宗，北宋灭亡。

四、辽代北迁的中原地名

崛起于西拉木伦河流域的契丹人乘中原五代战乱，大举南下，俘掠人口，"以征伐俘户建州襟要之地，多因旧居名之"（《辽史·地理志》）。《阴山杂录》亦云，契丹主耶律阿保机率兵南下，"俘其民而归，置州县以居之，不改中国州县之名"。

按《辽史·地理志》的记载，现列举随汉人北迁而迁移的中原州县地名如下：

潞县（治今内蒙古巴林左旗东南波罗城一带），天赞元年（公元 922 年），太祖破幽州，掠幽州潞县之民，布于京（上京）东，与渤海人杂处。

顺州（治所在今辽宁省阜新市东南英城子），横帐南王府掠燕、蓟（治所在今蓟县，蓟州领有渔阳、三河等县）、顺州之民，建城居之。

乐郊（三河）县（治所在今辽宁省沈阳市），太祖俘蓟州三河民，建三河县，后更名。

灵源（渔阳）县（治所在今辽宁省沈阳市一带），太祖俘蓟州吏民，建渔阳县，后更名。

祺（檀）州（治所在今辽宁省康平县东南），太祖以檀州俘民，于此建檀州，后更名。

庆云（密云）县（治所在今辽宁省康平县东南），太祖俘密云民，于此建密云县，后更名。

行唐县（治所在今北京市密云区东南），本定州行唐县。太祖掠定州，破行唐，尽驱其民，北至檀州，择旷土居之，凡置十寨，仍名行唐县。

安喜县（治所在今河北省迁安市东北），太祖以定州安喜县俘户置。

望都县（治所在今河北省卢龙县南），太祖以定州望都县俘户置。

除俘掠中原汉人建置的州县之外，灭渤海国后俘获渤海人建置的州县亦遍布于燕山以北西拉木伦河流域及其以北和以东地区。渤海人类似汉人，是以从事农业经济为主的民族，北迁汉人和渤海人在辽辖区的大量存在，极大地推动了当地农业的开发，成为辽代中国北方农业经济得到发展的重要原因；同时还推动了契丹社会的发展和进步，也加速了辽代民族融合的历史进程。

五、金朝的六京六府和十九路

金王朝兴起于东北，为女真族的完颜部所建。女真人原受渤海国统治，辽灭渤海国，女真人一部分被迁入今辽宁地区，改游牧为农耕，辽人称之为熟女真。完颜部则属于未南迁的生女真，原居地在按出虎水（今哈尔滨附近的阿什河）一带。在领袖阿骨打的领导下抗辽独立，建立金国，先后攻占辽的东京、上京，并和宋订"海上之盟"，宋使也曾去上京，后约定双方夹击燕京，事后燕京（辽南京）、西京皆属宋朝。后来金兵南下，虽将幽、云某些州县还给宋朝，可是事先已掳掠一空，宋在此立足未稳，金又背盟灭宋。海陵王完颜亮当政时，燕京改称中都，成为金的都城。在此以前，金也曾设五京，即上京会宁府（今哈尔滨东南的阿城）、南京辽阳府（今辽宁辽阳市）、中京大定府（辽的中京）、西京大同府、北京临潢府（辽的上京），迁都燕京后，又扩大城垣，改称为中都大兴府，另以开封府为南京，改辽阳府的南京为东京，改大定府的中京为北京，西京大同府不变。后来海陵王侵宋，一度移都开封，结果渡江未成，死于扬州。王位改由完颜雍接替，称为世宗。世宗在位时又恢复会宁府为上京的称号，当时实际有了六京，形成了六京制。

需要说明的是，金代六京所在的府均隶于路，如中都大兴府属中都路，南京开封府属南京路等。金代六京均置警巡院，并且已上升为城市独立的行政建制，与诸京附郭之京县平行地隶属于府。因中都城市规模最大，分宫城、皇城和大城三重结构。大城共设十三门，东面施仁、宣曜、阳春，西面灏华、丽泽、彰义，南面丰宜、景风、端礼，北面通玄、会城、崇智、光泰。直对城门形成城内干道，纵横道路将城内区域划分为62坊，领属于左、右两个警巡院。西面 42 坊名是西开阳坊、南开远坊、北开远坊、清平坊、美俗坊、广源坊、广乐坊、西曲河坊、宜中坊、南永平坊、北永平坊、北揖楼坊、南揖楼坊、西县西坊、棠阴坊、蓟宾坊、永乐坊、西甘泉坊、东甘泉坊、衣锦坊、延庆坊、广阳坊、显忠坊、归厚坊、常宁坊、常清坊、西孝慈坊、东孝慈坊、玉田坊、定功坊、辛市坊、会仙坊、时和坊、奉先坊、富义坊、来远坊、通乐坊、亲仁坊、招商坊、余庆坊、郁邻坊、通和坊，领属于右警巡院；东面 20 坊是东曲河坊、东开阳坊、咸宁坊、东县西坊、石幢前坊、铜马坊、南蓟宁坊、北蓟宁坊、啄木坊、康乐坊、齐礼坊、为美坊、南卢龙坊、北卢龙坊、安仁坊、铁牛坊、敬客坊、南春台坊、北春台坊、仙露坊，领属于左警巡院，而不属于宛平、大兴二县。两警巡院则直隶于大兴府中都路。中都城市北从通玄门、拱辰门、昭明门、昭明宫、仁政殿、仁政门、宣明门、太和殿、大安门、应天门、宣阳门到丰宜门形成了城市中轴线。城内还散布着大量的寺观建筑，形成中都城市地名群。到宣宗贞祐二年（公元 1214 年），由于蒙古南侵又迁都南京（开封府），并以洛阳为金昌府，称为中京，不过，金朝不久即在蒙古与宋的夹击下于 1234 年灭亡。

金的地方政区基本上采用宋制。大定二十九年（公元 1189 年）分为中都、上京、东京、北京、西京、南京、大名府、河北东、河北西、咸平、河东南、河东北、京兆府、鄜延、庆原、凤翔、临洮、山东东、山东西等十九路。此

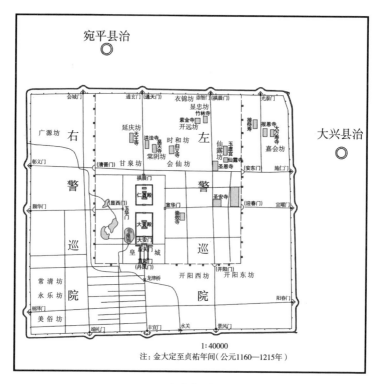

1:40000

注：金大定至贞祐年间（公元1160—1215年）

金中都图

外，上京路所辖的曷［hé 合］懒、速频、胡里改、蒲与以及东京路所辖的婆速、曷苏馆等都是根据其原有的部族而设立，是特殊的类型，与一般的路有所不同。金代地方行政区划在十九路下还分别置有京府、总管府、节镇州、防御州、刺史州、县。《金史·地理志》载：金"袭辽制，建五京，置十四总管府，是为十九路。其间散府九，节镇三十六，防御郡二十二，刺史郡七十三，军十有六，县六百三十二。后复尽升军为州，或升城堡寨镇为县，是以金之京府州凡百七十九，县加于旧五十一，城寨堡关百二十二，镇四百八十八"。这一条文献讲的是海陵王废弃上京之后的政区。金代行政区划分路、府（州）、县三级。至金代河南府河南县被废弃，只剩下一个附郭县洛阳；其他府治双附郭县拥有 6 对，即大兴府：大兴、宛平，京兆府：长安、咸宁，大同府：大同、云中，大定府：大定、长兴，开封府：开封、祥符，大名府：大名、元城。

<h3 style="text-align:center">金代十九路所属府州县统计</h3>

路别	治所	京府	总管府	节镇州	防御州	刺史州	县	警巡院	录事司	司候司	属路
上京	会宁	会宁		2	1	1	6	1	2	2	4
咸平	咸平		1	1		1	10		2	1	
东京	辽阳	辽阳	1	2		4	19	1	3	4	1
北京	大定	大定	2	5		3	42	1	7	3	
西京	大同	大同		8		7	40	1	8	7	
中都	大兴	大兴		3		10	49	2	3	10	
南京	开封	开封	2	3	8	9	108	2	5	17	
河北东	河间		1	2	1	5	30		3	6	
河北西	真定		3	2	2	4	61		5	6	
山东东	益都		2	2	2	7	53		4	9	
山东西	东平		1	2	2	4	37		3	6	
大名府	大名		1			4	20		1	4	
河东北	太原		1	3		9	39		4	9	
河东南	平阳		2	3	1	6	39		5	7	
凤翔	凤翔		2		2	2	33		2	4	
京兆府	京兆		1	1	1	4	36		2	5	

鄜延	延安		1	1		4	20		2	4
庆原	庆阳		1	2		3	19		3	3
临洮	临洮		1	1	1	4	15		2	5
合计		6	23	43	21	91	676	8	66	112	5

资料来源:《金史·地理志》

注:总管府中含散府。

六、金代警巡院、录事司、司候司

金代除六京府均设置了警巡院管理城市之外,在诸府(总管府)节镇(州)治所城市建置了录事司,在防(御州)刺(史州)州治所城市建置了司候司,三者均系城市管理行政机构。[①]

据《金史·百官志》:"诸京警巡院,使一员,正六品,掌平理狱讼,警察所部,总判院事。副一员,从七品,掌警巡之事。判官二员,正九品,掌检稽失,签判院事。"诸京均设立了管理城市的行政管理机构警巡院:中都左、右警巡院,上京警巡院,东京警巡院,北京警巡院,西京警巡院,南京警巡院。金宣宗迁都南京之后,南京亦设有左、右警巡院。城市社区则有警巡院所属(厢隅)坊巷管理。

---

① 韩光辉、林玉军、王长松:《宋辽金元建制城市的出现与城市体系的形成》,《历史研究》,2007年第4期。

据《金史·地理志》，除上述诸京之外还有十四总管府、九散府及三十六节镇。按《金史·百官志》，诸府节镇共建置了城市录事司 59 个。另外，在金章宗明昌纪年之后到宣宗贞祐初年升置节镇或降置防刺州又有 7 处，共计节镇 66 处。

金代诸府节镇录事司城市

路别	诸府录事司城市	节镇录事司城市	合计
上京	（会宁府警巡院）	隆州、泰州△	2
咸平	咸平	懿州	2
东京	（辽阳府警巡院）广宁	盖州、复州△	3
北京	（大定府警巡院）临潢、兴中	义州、锦州、瑞州（宗州）、全州*、兴州*	7
西京	（大同府警巡院）	丰州、桓州△、应州、蔚州、朔州、云内州、奉圣州（德兴府）、抚州*	8
中都	（大兴府左、右警巡院）	平州、雄州、保州	3
南京	（开封府左、右警巡院）归德、河南	许州、邓州、陕州*	5
河北东	河间	冀州、沧州	3
河北西	真定、彰德、中山（定州）	邢州、卫州	5
山东东	益都、济南	密州、莱州	4
山东西	东平	徐州、兖州	3
大名府	大名		1
河东北	太原	汾州、代州、岚州	4
河东南	平阳、河中	绛州、潞州、怀州	5
京兆府	京兆	同州	2

凤翔	凤翔、平凉		2
鄜延	延安	鄜州	2
庆原	庆阳	邠州、泾州	3
临洮	临洮	巩州	2
总计	23	43	66

资料来源：《金史·地理志》

注：△节镇变动者；＊节镇新置者；不含贞祐三年（公元1215年）所置节镇。

据《金史·地理志》，除前述诸京、诸府节镇之外，还有防御州22个，刺史州73个。但因金章宗泰和之后，"尽升军为州，或升刺州为防御州"的沿革变化，先后共建置防刺州112个，皆设司候司，称为司候司城市。

金代诸防刺州司候司城市

路别	防御州司候司城市	刺史州司候司城市	合计
上京	肇州	信州	2
咸平		韩州	1
东京		澄州、沈州＊、贵德州、来远州	4
北京		利州、建州、庆州	3
西京		弘州、净州、昌州、宣德州、武州、宁边州、东胜州	7
中都		通州＊、蓟州、易州、涿州、顺州、滦州、霸州、安州、遂州＊、安肃州	10
南京	寿州、亳州、陈州、蔡州、郑州、颍州、宿州＊、泗州	睢州、单州＊、唐州、裕州＊、嵩州、汝州＊、钧州、曹州、息州＊	17
河北东	清州	蠡州、莫州＊、献州、深州、景州	6

河北西	洺州、濬州	威州、沃州、磁州、祁州	6
山东东	沂州、棣州	潍州、滨州、海州、莒州、淄州、登州、宁海	9
山东西	博州、德州	济州、邳州、滕州、泰安州	6
大名府		恩州、濮州、开州、滑州	4
河东北		忻州、平定州*、石州、葭州、隰州、宁化州、保德州、管州、岢岚州*	9
河东南	孟州	隰州、吉州、解州*、泽州*、辽州、沁州*	7
京兆府	华州*	商州*、虢州、乾州、耀州	5
凤翔	陇州、秦州*	顺德州*、镇戎州	4
鄜延		丹州、保安州、绥德州、坊州	4
庆原		环州、宁州、原州	3
临洮	河州	积石州、洮州、兰州、会州*	5
合计	21	91	112

资料来源：《金史·地理志》

注：＊建置有升降变动者；升置重复者。按《金史·地理志》，金代有"防御郡二十二，刺史郡七十三"，但由于章宗泰和之后"升军为州"，或升刺郡为防御郡，使按《地理志》做出的上述统计与记录总数不合，但相差不大，特此说明。

除运用《金史·百官志》《金史·地理志》《金石萃编·进士题名碑》《永乐大典·太原府》《元一统志·汴梁录·郑州》《金文最·泽州图记》《金史详校·百官志·诸府节镇录事司》等文献论述了警巡院、录事司、司候司城市建制外，最有说服力的文献是《庄靖先生遗集·题登科记后》。该文献记录了金章宗承安五年（公元 1200 年）经义榜登科进士的名录、年龄和籍贯。最有价值的是各位进士

金代建制城市分布

资料来源：《金史·地理志》

的籍贯。这是由登科进士第一名李俊民记录并保存下来的。登科进士共 33 人中，籍贯隶属于诸京府警巡院者 6 人，隶属于诸府节镇录事司者 3 人，隶属于诸防刺州司候司者 3 人，隶属于诸县者 18 人。县，自古以来就是中国行政区划的通名，警巡院、录事司和司候司则是金朝新出现的城市区划的通名。这是需要特别注意的地名问题。还有 2 人来自千户所，千户所在当时也是进行人口统计时使用的通名。另外一人来自部族五里甲海下，这应该是地名中的专名。

金代的统治阶级加给各族人民的负担是比较繁重的，但有些工作却也有功于后世。以今北京地区而言，修通闸河，发展水运，升潞县为通州，使之成为水运上的重要城市。又如兴修了广利桥（今卢沟桥），到元代成为西方人为之惊叹的"马可·波罗桥"。此外如大宁宫与香山寺的兴建，以及仰山（今妙峰山）的开辟，也都有益于后世，此外在金代也有了南苑的名称。

七、南宋的路、府与西夏、大理的政区

南宋政权北以淮河、大散关东西一线与金为界，偏居临安（今杭州），其政区基本沿袭北宋。《宋史·地理志》说："其所存者两浙（两浙东、两浙西），两淮（淮南东、淮南西），江东、西（江南东、江南西），湖南、北（荆湖南、荆湖北），西（当为'四'之误）蜀（成都府、潼川府、夔州、利州），福建，广东，广西十五路而已。"当时京西南路仅北部失去一部分，且路的中心襄阳府仍在，利州路也曾分为东、西二路（曾分合多次），所以又有南宋为十七路之说：两浙西路，治临安府；两浙东路，治绍兴府；江南东路，治建康府；江南西路，治隆兴府；淮南东路，治扬州；淮南西路，治庐州；京西南路，治襄阳府；荆湖北路，治江陵府；荆湖南路，治潭州；成都府路，治成都府；潼川府路，治泸州；利州东路，治兴元府；利州西路，治沔州；夔州路，治夔州；福建路，治福州；广南东路，

治广州；广南西路，治静江府。北宋时以转运使（漕司）的驻地为路的治所，南宋则改以安抚使（帅司）的驻地作为路治。这也与适应当时的战争环境有关。

此外，还应说明的是，《宋史·地理志》在州名下除了记有上、中、下等表示等级外，还加上郡名，例如潭州下有长沙郡，广州下有南海郡，实际宋代并无郡级的区划，郡不过是州的别称或雅称而已。宋人所编写的地方志有的也不用州名而用这一别称。同样州的长官也称为郡太守。南宋，半壁江山以临安为都，行政区划领有 17 路，190 府、州、军、监，703 县。在地方城市的规划建设中也保留了完整的地名体系，以静江府为例，自宝祐六年（公元 1258 年）至咸淳八年（公元 1272 年）对静江城进行了规模浩大的修筑，含展筑西面外城历时达 14 年之久，形成了榕树门和谯楼以北、丽泽门和宝贤门以东、安定门以南、东镇和行春等门以西的静江城。当时城池构筑特点是：（1）城垣以砖、土结构为主，在北门两侧、马王山和伏波山东侧、宝积山西侧则因山为城；（2）除北面外，余三面均以天然河道或经浚治的湖塘为护城河：东为漓江即东江又称癸水，南为阳江，西为西湖又名清湘湖。因城池军事防守职能的上升，城垣上及城池内附设许多军事设施①。南宋末年，完成静江府的建设之后，在城北寿星山（今鹦鹉山）南面崖壁上，

---

① 宋·章时发：《静江府修筑城池记》及《修静江府城图并记》（又称《修桂州城图并记》）。

刻绘了《静江府城图》，图上所刻《修桂州城图并记》介绍了静江府城修筑的具体过程及府城沿革。南宋仍有 12 个府州治所置有双附郭县，即北宋在南方设置的双附郭县没有变化。

以今宁夏为中心的西夏，为羌族一支的党项人所建，归附唐朝后，唐王朝任其酋长为都督并赐李姓，唐末因参与镇压黄巢的起义军有功，被任命为夏州节度使，辖有今陕北榆林地区及内蒙古鄂尔多斯南部的大片土地。五代时中原地区混乱，党项首领乘机扩充势力，在宋、辽对峙时期，联辽派掌权，在宋真宗咸平五年（公元 1002 年）攻陷宋的灵州（今宁夏灵武市），控制了今银川平原。宋乾兴元年（公元 1022 年），又在灵州怀远县建设新城，称为兴州（今银川市），接着又向西扩充势力，控制了今河西走廊地区。宋仁宗明道元年（公元 1032 年），宋加封其首领李（宋改赵）德明为夏国王，承认其割据的合法性。同年德明病死，元昊继位，契丹也册封其为夏国王。元昊于公元 1038 年正式称帝，以兴州作为国都，改名兴庆府（今银川市），西夏的政区名称也因袭唐、宋的州制。依据《宋史·夏国传》与《续资治通鉴长编》卷 120 所记，夏国共有 20 个州。西夏也称重要的州为府，除都城叫兴庆府外，还称凉州为宣化府，灵州为西平府等。此外，西夏还有 10 多个军司地名。军司也称监军司，是一种军区兼有政区性质的区划，如甘肃军司（驻甘州，今张掖市）、静塞军司（驻韦州，今韦州镇）、白马强镇军司（驻娄博贝，在今内蒙古吉兰泰盐

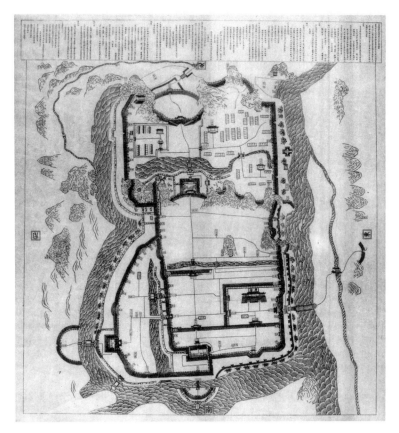

静江府城图（曹婉如主编：《中国古代地图集：战国—元》）

池北）等。

　　唐代时的南诏在五代时转化为大理国，在宋时也曾接受过宋的封号，两者关系较好，首府亦称大理。境内划分为善阐（今昆明）、腾冲（今腾冲）、会川（今会理）等15个府和东川（今会泽）、石城（今曲靖）、秀山（今通海）、善巨（今永胜）等四郡与南部的景陇（中心在今景洪）等地区。

八、有关宋代地名的著作及地名探讨

活字印刷术的发明与造纸业的兴盛，为两宋时期文化的繁荣提供了物质基础。在宋人的著述中，地方志占有很大比重。不管是全国性的总志或地方性的州、县等志书都超过以前各代。就总志而言，比较著名的就有北宋乐史的《太平寰宇记》、王存的《元丰九域志》、欧阳忞的《舆地广记》和南宋王象之的《舆地纪胜》、祝穆的《方舆胜览》等，其中乐史的作品长达200卷，所记地名之多也非其他作品所能相比。这本书所记内容，宋初十三道及四夷范围，除了包括中原与边疆地区外，还远到今印度、伊朗、沙特阿拉伯甚至更远的地方。该书体例以府州为纲，以县为目，叙述府州治所，《禹贡》州域、建置沿革、地名取义、领县名目、府州境界、四至八到、至东西二京的方位里程、户数、土产等门类；县下先记至府州方位里程、管乡镇、建置沿革、治所、山川湖泽、堤堰、城邑、关塞亭障、道路桥梁、名胜古迹，还加入一些人物传记、风俗等，内容比较庞杂。以东京开封府为例，在附属十六县中，《元和郡县图志》解释地名渊源只有12个，而在《太平寰宇记》解释达32个，可见《太平寰宇记》解释地名渊源的范围更广阔，同时它首先提出了"因江洲得名""因陵得名""因祠得名""相因为名"的地名命名原则。"相因为名"实际上是地名群问题，丰富了地名学的内容，同时地名"别名"概念在地名研究中更普及。该书也包括了唐代甚至更早的一些古地志中的佚文，这是十分可贵的。可惜这本书在流传过程中丢失了八卷，清代光绪九年（公元 1883 年）历史地理学家杨守敬从日本枫山官库中所藏的宋刻本《太平寰宇记》残本中辑回所佚的五卷半，仍未补成足本。当然这本书以地名之多为其特点，但作者对地名研究却比较肤浅，甚至有不少讹误。例如北宋海州下注东海郡，东海郡本来虚有其名，宋代并无郡的区划，可是乐史却把这虚名和汉代的东海郡混在一起。汉代东海郡治为郯［tán 谈］，在今山东省郯城县附近，隋代郯县属于下邳［pī 批］郡，下邳郡东面才是东海郡（郡治为朐山，今连云港市内的旧海州城）。唐代撤销了郯县，地属泗州，东面的东海郡改称海州，以朐山为州治。到了北宋，原郯县地属京东东路，以朐山为治所的海州则属淮南东路，可是乐史却无视这些历史事实，把历史上一些郯人（例如萧望之、王肃、何无忌、徐勉）的籍贯都挪到海州，未免张冠李戴。

《舆地纪胜》200 卷是一部"辨古今，析异同，考山川之形势，稽南北之离合，资游谈而夸辨"的舆地之作。其中解释地名渊源，集中在府州县沿革、古迹、景物等门类，景物门包括山川、井泉、楼阁、亭堂、寺观等，是该书的一大创新。地名渊源解释的比重较大，如建康府，解释地名渊源 35 处，景物 31 处，政区沿革 3 处，古迹 1 处，同时又提出了"因寺得名""以形得名"的地名命名原则。

"博学善文"的沈括是宋代卓越的自然科学家，在地名通名、专名、地名迁移和动态、地名辨误方面都有独到研究，如解释地名通名"圩""流沙""漳""洛"，地名专名"雁荡"等，他认为"天下地名，错乱乖谬，率难考信"（《梦溪笔谈·校正》）。因此，他特别注意地名的迁移、动态和考证，及政区地名的省并，不厌其烦地记述了"熙宁中，废并天下州县，迄八年，凡废州、军、监三十一，废县一百二十七"的全部名称。

南宋洪迈在地名研究中提出了"地名异音""郡县用阴阳字""州县名同"等问题，例如地名异音，举"郡邑之名有与本字大不同音，颜师古以为土俗各有别称者是也，姑以《汉书·地理志》言之：冯翊之'栎阳'为'药阳'、'莲勺'为'辇酌'、太原之'虑虒'为'庐夷'、上党之'沾'为'添'、河内之'隆虑'为'林庐'、'荡阴'为'汤阴'……"条，列举了48处地名用字的异读，指出上述地名用字的读音"皆不可求之于义训，字书也不尽载"（《容斋续笔·地名异音》）的问题。关于"州县名同"则提出区别地名的方法："国朝之制，州名或同，则增一字以别之。若河北有用雄州、恩州，故广东增'南'字；蜀有剑州，故福建者亦增'南'字……"（《容斋五笔·州县名同》）阴阳字用于方位地名，他有如此阐述："山南为阳，水北为阳，《谷梁传》之语也。若山北水南则为阴，故郡县及地名多用之，今略叙于此。"（《容斋四笔·郡县用阴阳字》）

另一位对地名工作有贡献的人是南宋末年的王应麟，

他曾著作《通鉴地理考》一书，这是一部长达200卷的巨著，可惜书已失传。幸好另一本佳作《通鉴地理通释》保存下来，虽然只有短短14卷，可是字字珠玑，读后可发人深省。这14卷中包括历代州域总叙，历代都邑考，十代（按：指《资治通鉴》记载的自周威烈王二十三年迄后周显德六年之间的各代）山川考，周、七国（按：指战国七雄）、三国以及晋、宋、齐、梁、陈等形势考，河西四镇考，东西魏周齐相攻地名考，唐三州七关十一州考，最后为石晋十六州考。书后有他自写的跋，后来被移到书前作为序。在这篇序中，他分析了前人研究地名的一些经验教训，更是探索历史地名的一份重要参考资料。作为王应麟学派的后继学者胡三省，精通地理，长于考据，完成了巨著《资治通鉴音注》，其中注释《资治通鉴》的地名更取得了多方面的成就，当然也存在一些讹误。①

《宋史·地理志》、《辽史·地理志》、《金史·地理志》②及宋代不断出现的地方志书不仅记录了大量地名，而且对地名渊源和地名沿革变化、地名迁移等地名现象均作了有益探索，为后来我国地名研究提供了丰富资料。程大昌的《禹贡山川地理图》及现存最早的石刻古地图《华夷图》和《禹迹图》，不仅直观地反映了各时期中国主要地名的空间分布状况，而且展示了地名沿革变化的历史轨迹，是宋代

---

① 华林甫：《中国地名学源流》，湖南人民出版社，2002年。

② 宋、辽、金三史均系元代所修，但所用史料包括地名资料均系宋、辽、金当时代的，特此说明。

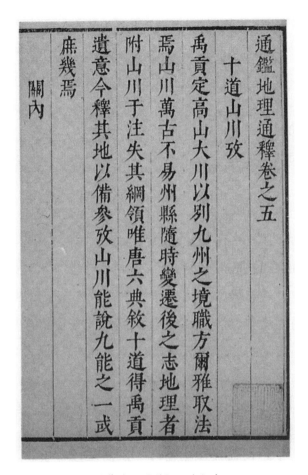

《通鉴地理通释》汲古阁本

地名研究的重要成果。在《禹迹图》中除海、海岸线和河川等地物外，还标示了《禹贡》山川名、古今州郡名和古今山水地名。

《宋史·外国传》《宋史·蛮夷传》《辽史·国外记》《金史·外国传》等则在更广阔的地域背景上展示了宋代各羁縻州县少数民族地区的地名及民族风情，同时也记录了周边 30 多个国家和地区的不少地名，同样也为探讨当时的地名积累了资料。此外，宋辽、宋金使节往来行程录也记录了不少宋辽与宋金之间交通道路沿线的重要地名，同样成为探讨历史地名的重要参考资料。

宋代通往西方的陆路由于西夏的干扰，受到一定影响，但海上交通却较过去更为繁荣。福建路的泉州成为通往海外的著名港口，有不少外商在这里居留。他们将本国的货物从海上贩运到中国来，同时从中国购买商品运销国外，从而促进了宋代中国与各国之间的经济往来和文化交流。

曾在泉州任职的赵汝适〔kuò 括〕写了一本《诸蕃志》，比他更早在桂林做官的周去非写了一本《岭外代答》，都是根据与有关人士的交谈而记录成书的，二者颇有相同或近似之处。其所记范围远及今西南亚与东非、北非等沿海地方。其所述地名和今天很不相同。他们书中所述大秦国的安都城为今土耳其中部地中海东岸的安塔基亚；昆仑层期国指今桑给巴尔一带的东非海岸；木兰皮则为马格里布的旧译名，指阿拉伯的极西地区。他们称鸵鸟为骆驼鹤，称斑马为三色相间的骡子。

第六章　元明时期的地名

一、蒙古四大汗国与成陵

西夏、金、大理分别于公元 1227 年、公元 1234 年及公元 1254 年为蒙古所灭，南宋的局势也岌岌可危，在此之前蒙古还进行过三次远距离的西征，兵锋远到西南亚与欧洲中部，并在这些地方及今新疆边境内外建立了钦察、伊儿、察合台、窝阔台四个汗国。"汗"是"可汗"的简称，蒙语"王"的意思。这样横跨今天欧、亚两洲的军事势力，是过去历史上从未有过的。其中钦察汗国在今俄罗斯西部及附近地区，伊儿汗国在今西南亚，察合台和窝阔台两汗国在今新疆及其以西的地方，后来前者又兼并了后者。

蒙古原称蒙兀室韦，是居住在今黑龙江南源额尔古纳河东南侧的一个部落，后又西迁到今鄂嫩河和克鲁伦河一带，在草原上以游牧为主，常受塔塔儿（鞑靼）等族的欺凌。成吉思汗名叫铁木真，幼年时其父被塔塔儿所害，生活极其艰苦，成年后立志振兴本族，壮大自己的力量。后来他打败了塔塔儿等部，被推选为蒙古部的首领，以后又逐步吞并了其他各部，使蒙古部逐步强盛壮大起来。公元1206年蒙古各部在鄂嫩河畔举行大会，推举他为全蒙古的大汗，尊号为成吉思汗。在他统领下，蒙古部逐步扫清各方面的敌对势力，最终建立起一个疆域辽阔的蒙古汗国。

后来在灭西夏的战争中，成吉思汗在途中病逝，按照蒙古旧俗，并未封葬。火化后，其银棺由护卫人员达尔扈特部及其后代专职保存，一直延续下来，地点在今内蒙古的鄂尔多斯伊金霍洛旗，旗名即蒙语"君主之家"的意思。在抗日战争时期，成吉思汗的灵柩曾先后迁到甘肃榆中的兴隆山和青海湟中的塔尔寺。抗日战争结束后，又迁回原地，后又建筑陵园，在陵园的纪念堂正中塑有成吉思汗的坐像，两廊则分别绘有大汗生平事迹的壁画，堂后寝宫则供奉灵柩，按时在此致祭，并且定期在陵园附近举行那达慕大会，开展各项文体活动。

二、元代的上都和大都及都城警巡院

蒙古早期的政治中心在和林，位于今蒙古人民共和国乌兰巴托西南的鄂尔浑河上游右岸，后来移到上都，在今内蒙古锡林郭勒盟多伦县西北闪电河北岸。闪电河为滦河的上源，可能是上都河的讹写。其为元世祖忽必烈称帝前所建，后来即帝位于此，称为开平府，又加号上都。忽必烈改蒙古王朝为元朝，采用汉法，建立年号，后来他又把统治中心移到金代所建的中都。这座城位于今北京旧城圈的西南侧，是金代投入大量人力物力兴建起来的，其中有些器材、物品还是由宋都开封与真定府（今河北正定）的潭园移来，可是半个多世纪以后即被蒙古骑兵摧毁，宫城、皇城化为一片废墟，中都被改为燕京。这次忽必烈迁来，虽然复称中都，实在名不副实，所以决心放弃旧城，另于旧城东北面兴建新城，命名为大都。大都中心为旧城东北面的金代离宫（大宁宫），因为离城较远，未受到大的破坏。忽必烈南迁后即住在这里。新城仿中都旧制分为宫城、皇城、外城三圈，但规模比旧都大很多。大都与上都形成两都制。

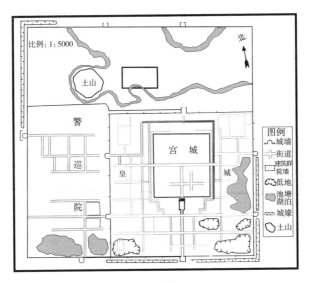

元上都①

---

① 　参考贾洲杰：《元上都调查报告》，《文物》，1977 年第 5 期。

《周礼·考工记》记载了我国古代都城营建的原则："匠人营国，方九里，旁三门，国中九经九纬，经涂九轨，左祖右社，面朝后市，市朝一夫。"元大都的平面设计，可以说是最接近于我国古代这种理想的设计方案，除北面仅开二门外，东、南、西各开三门，内部中心为宫城，其外为皇城，再外则为大城。大都"城方六十里，里二百四十步，分十一门。正南曰丽正，南之右曰顺承，南之左曰文明，北之东曰安贞，北之西曰健德，正东曰崇仁，东之右曰齐化，东之左曰光熙，正西曰和义，西之右曰肃清，西之左曰平则，大内南临丽正门，正衙曰大明殿，曰延春阁。宫城周回九里三十步，东西四百八十步，南北六百十五步"（《辍耕录·宫阙》）。皇帝的祖庙叫太庙，在东侧南门（齐化门）内路北；祭祀土神、谷神的地方为社稷坛，在西侧南门（平则门）内东北。重要衙署大都在皇城以南。中央部位的前方是朝廷，后方则为市场，尤其在钟、鼓楼附近，商品买卖十分热闹。据《析津志》记载，什么面市、米市、鹅鸭市、珠子市、沙剌（珍宝、金、银）市、铁器市，应有尽有，甚至还有穷汉市、人市。可以看出，这样的城市布局也是合于古代所谓前朝后市、左祖右社这些设计要求的。大都蒙语称为"汗八里"，也就是"大汗之城"的意思。

元代对大都和上都城市的管理承袭了金代制度，设置了警巡院。这是一种"领（城市）民事及供需"的独立城市行政建制。至元六年（公元 1269 年），在中都城市恢复了左、右警巡院，文献首次明确了警巡院"领民事及供需"的行政管理职能。这里的左、右警巡院是指在中都旧城所置。至元九年（公元 1272 年），改中都为大都。在大都新城修建过程中及竣工之后，即不断有贵族、官僚、军户、匠役及富商巨贾迁居新城，推动了大都城市规模的迅速扩大，城市警巡院亦随之不断增设。至至元十二年（公元 1275 年），置大都（按：指新城）警巡院，"领京师坊事"，这里的警巡院显然是指大都新城的行政管理机构。这时的大都新、旧二城共置有三个警巡院。到至元二十四年（公元 1287 年）省并其一，止设左、右二院，"分领坊市民事"，或谓"分领京师城市民事"（《元一统志·大都路》）。《元史·地理志》所谓大都路"领院二、县六、州十。州领十六县"中的二院，即指这时的左、右二院。左、右二院共同管理南、北二城，亦即新、旧二城。成宗大德九年（公元 1305 年），又置大都南警巡院，"以治都城之南"（《元史·百官志》）。实际上是指在大都南城即中都旧城置警巡院以专门治理南城。在大都新城，随着城市居民的增加，行政管理机构警巡院也增加为两个。再至武宗至大三年（公元 1310 年），又"增大都警巡院二，分治四隅"（《元史·武宗纪》）。至此，大都新、旧二城已置有五个警巡院，均隶属于大都路总管府。到至正十八年（公元 1358 年），"于大都在城四隅，各立警巡分院，官吏视本院减半"。四分院或即至大三年所置二院的分置，故官吏减半，以便加强对大都新城四隅的坊事管理。

大都新城的规划设计以《周礼·考工记》"匠人营国，方九里，旁三门，国中九经九纬，经涂九轨，左祖右社，面朝后市"的规划思想为指导，设计了城市中轴线，从中心台开始，由北向南依次安排了如下建筑物：厚载红门、厚载门、延春殿、大明殿、棂星门、丽正门，长 4.7 公里。祖庙和社稷坛、中央衙署和大都城市管理机构布列在大都城市当中。城市道路以"九经九纬"形式将城市分割为独立的单元，形成居民社区。

大都旧城即旧中都城仍划分为 62 坊，沿用金代坊名。忽必烈至元年间，大都新城先划分为 50 坊，即福田、阜财、金城、玉铉、保大、灵椿、丹桂、明时、凤池、安富、怀远、太平、大同、文德、金台、穆清、五福、泰亨、八政、时雍、乾宁、咸宁、同乐、寿域、宜民、析津、康衢、进贤、嘉会、平在、和宁、智乐、邻德、有庆、清远、日中、寅宾、西成、由义、东居仁、西居仁、睦亲、仁寿、万宝、豫顺、甘棠、五云、湛露、乐善和澄清。到成宗以后又在大都新城划分出 26 坊，即里仁、发祥、善利、乐道、好德、招贤、善俗、昭回、居贤、鸣玉、展亲、惠文、请恭、训礼、咸宜、思诚、东皇华、明照、蓬莱、南薰、甘棠（此处有两个甘棠坊，应属文献记载有误，日后专门探讨）、迁善、可封、丰储、东甘泉和西甘泉。新城坊数增加到 76 坊，新、旧二城共划分为 138 坊，分属于城市诸警巡院。因城市规模大，警巡院由最初的两个后来增加到三个。中期之后又增设分管大都城四隅的分院二个。每个警巡院均置达鲁花赤（元代专由蒙古人或色目人充任，以掌握一行政单位实权的总辖官）、警巡使、副使等官佐，负责各项行政事务。上都仅置警巡院一，其行政职能与大都诸警巡院相同。

在积水潭东北岸边和钟、鼓楼附近设计了各种专业的市场，它们是段子市、米市、面市、铁器市、羊市、马市、牛市、骆驼市、驴骡市、皮毛市、帽子市、珠子市、柴炭

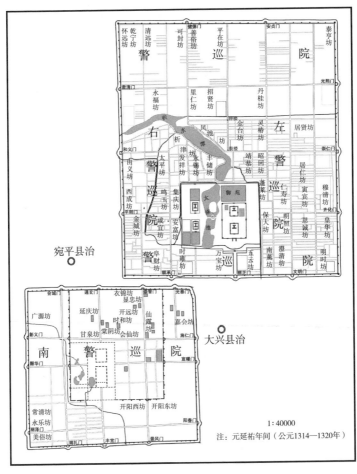

1:40000

注：元延祐年间（公元1314—1320年）

元大都

市、鹅鸭市、穷汉市，其中以积水潭东北岸斜街市场最大，那里是大都最大的商贸中心。

三、元代省与行省及其下辖政区

我们现在地方以省为最高一级政区，省作为政区名称是从元代开始的。元的政治中心为大都，中书省是代表皇帝总揽一切大政的官署，将官署名作为地区名也意味着这里是皇家直辖的重要地区，当时也别称为"腹里"，可见其地位的重要。其范围大体包括今京、津两市，山西，山东以及河北与内蒙古的大部分地区。其他地区则设立陕西、甘肃、河南、四川、江西、江浙、湖广、云南、辽阳、岭北十个行中书省（简称行省），其中六个省名一直沿用至今。此外，今新疆大部及其以西地区曾为察合台与窝阔台王封地，原是四大汗国中的两个汗国，今西藏当时则为宣政院辖地。

元代省下设路、府、州、县各级政区。路下设府，但府也有直属于省与隶属于路两种，后者称为散府。同样州也有直隶州与散州两种。以当时的陕西行省为例，既有平凉府（中心在今平凉，以下只记治所名称的今地）、临洮府（临洮）、凤翔府（凤翔），也有奉元路（西安市）、兴元路（汉中）、延安路（延安），还有陇州（陇县）、泾州（泾州）与镇原州（镇原）等，都是不相统属的政区。可是奉元路除辖有录事司、咸宁、长安、咸阳、兴平、临潼、蓝田、泾阳、高陵、户县、周至、眉县等县外，还辖有同州（大荔）：朝邑、白水、栎阳、澄城、韩城；华州：华阴、蒲城、渭南；耀州（耀县）：三原、富平、同官；乾州：礼泉、武功、永寿；商州：洛南。兴元路除辖有南郑、城固、褒城、西乡四县外，也辖有金州（安康县）、洋州（洋县）及凤州等，这就足以说明当时地方政区的复杂性。

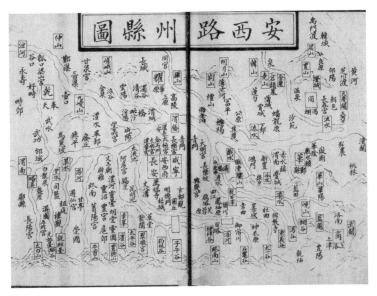

元代安西路州县图（曹婉如主编：《中国古代地图集：战国—元》）

据《元史·世祖本纪》至元三十年（公元 1293 年），"天下路府州县等二千三十八：路一百六十九，府四十三，州三百九十八，县千一百六十五，宣抚司十五，安抚司一，寨十一，镇抚所一，堡一，各甸部管军民官七十三，长官司五十一，录事司百三，巡院三"。这里详细记载了该年元帝国行政区划与区划地名状况。

元代路府治所置双附郭县共有 16 对，即大都：大兴、宛平，汴梁：开封、祥符，大名：元城、大名，奉元：长安、咸宁，成都：成都、华阳，杭州：钱塘、仁和，湖州：乌程、归安，平江：吴县、长洲，常州：武进、晋陵，绍兴：山阴、会稽，集庆：上元、江宁，福州：闽县、侯官，建宁：建安、瓯宁，龙兴：南昌、新建，广州：南海、番禺，天临：长沙、善化。

四、元代路府城市录事司

早在至元二年（公元 1265 年），元朝（蒙古国）政府改并诸路州府，诏命"诸路州府，若自古名郡，户数繁庶，且当冲要者，不须改并。其户不满千者，可并则并之。各投下者，并入所隶州城。其散府州郡户少者，不须更设录事司及司候司"（《元史·世祖本纪》）。录事司"凡路府所治，置一司，以掌城中户民之事"，"若城市民少，则不置司，归之倚郭县"。至元三十年，在诸总管府及某些地位冲要的路治城市相应设置了 103 个城市录事司，管理 100 个路府治所城市。

录事司与警巡院的行政职能相似，但秩级正八品。元代对 100 个地方城市实行专门行政管理，无论在中国城市发展史上还是在世界城市发展史上都是第一次，值得重视。

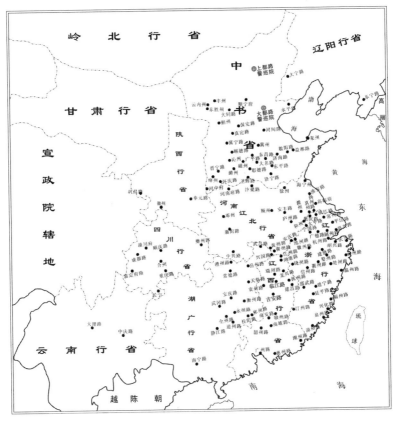

元代路府录事司城市分布

元代建置录事司的城市一览表

名称	所属行省	路府州	建置沿革	倚郭县	今市县名	所在今省区
西京（大同）	中书省	西京大同府	中统初置警巡院，至元初改为录事司	大同	大同市	山西
北京（大宁）	辽阳行省	北京（大宁）路总管府	宪宗时期置警巡院，至元二年改置录事司	大定（大宁）	废弃	内蒙古
南京（汴梁）	河南江北	南京改汴梁路	太宗时期置警巡院，至元十四年置录事司	开封、祥符	开封市	河南
永平	中书省	永平路总管府	中统元年置录事司	卢龙	卢龙	河北
保定	中书省	保定路总管府	至元十二年置录事司	清苑	保定市	河北

139

顺宁△	中书省	顺德府改顺宁府	中统初置录事司，至元三年废入倚郭县	宣德	宣化	河北
真定	中书省	真定路总管府	元初置录事司	真定	正定	河北
冀州△	中书省	真定路冀州	中统初置录事司，至元三年废入倚郭县	信都	冀州市	河北
顺德	中书省	顺德路总管府	元初置录事司	邢台	邢台市	河北
广平	中书省	广平路总管府	元初置录事司	永年县	永年镇	河北
磁州△	中书省	洺磁路磁州	至元二年，以滏阳、邯郸二县及录事司来属；至元三年，并录事司入滏阳县	滏阳	磁县	河北
彰德	中书省	彰德路总管府	元初置录事司	安阳	安阳市	河南
大名①	中书省	大名府路总管府	元初置录事司	元城、大名	大名	河北
怀庆	中书省	怀庆（怀孟）路总管府	元初置录事司	河内	沁阳市	河南
卫辉	中书省	卫辉路总管府	中统元年设录事司	汲县	卫辉市	河南
河间	中书省	河间路总管府	至元初置录事司	河间	河间市	河北
东平	中书省	东平路总管府	元初置录事司	须城	东平	山东
东昌	中书省	东昌路总管府	元初置录事司	聊城	聊城市	山东
济宁②	中书省	济宁路总管府	元初置录事司	巨野	巨野	山东
益都	中书省	益都路总管府	元初置录事司	益都	青州市	山东
济南	中书省	济南路总管府	元初置录事司	历城	济南市	山东
般阳	中书省	般阳路总管府	元初置录事司，至元二十四年闰二月乙酉改淄莱路为般阳路，置录事司③	淄川	淄博市	山东

莱州△	中书省	般阳路莱州	元初置录事司，至元二年省入倚郭县	掖县	莱州市	山东
丰州△	中书省	大同路丰州	元初置录事司，至元四年省入州		废弃	内蒙古
朔州△	中书省	大同路朔州	元初置录事司，至元四年省入倚郭县	鄯阳	朔州市	山西
东胜州△	中书省	大同路东胜州	元初置录事司，至元四年省入州		托克托	内蒙古
云内州△	中书省	大同府云内州	元初置录事司，至元四年省入州		废弃	内蒙古
冀宁	中书省	冀宁（太原）路总管府	元初置录事司	曲阳	太原市	山西
晋宁	中书省	晋宁（平阳）路总管府	元初置录事司	临汾	临汾市	山西
河中△	中书省	河中府	中统初置录事司，至元三年省入倚郭县	河东	蒲州镇	山西
绛州△	中书省	平阳路绛州	中统初置录事司，至元二年省入倚郭县	正平	新绛	山西
潞州△	中书省	隆德府	中统初置录事司，至元三年省入倚郭县	上党	长治市	山西
沁州△	中书省	平阳路沁州	中统中置录事司，至元三年省入倚郭县	铜鞮	沁县	山西
东宁	辽阳行省	东宁路总管府	至元十三年升东宁府为路总管府，置录事司		废弃	辽宁
河南	河南江北	河南府路	元初置录事司	洛阳县	洛阳市	河南
邓州△	河南江北	南阳府邓州	中统初置录事司，至元二年省入倚郭县	穰县	邓州市	河南
颍州△	河南江北	汝州府颍州	中统初置录事司，至元二年省入州		阜阳市	安徽
徐州△	河南江北	归德府徐州	中统初置录事司，至元二年省入州		徐州市	江苏

襄阳	河南江北	襄阳路总管府	至元十一年置录事司	襄阳	襄阳市	湖北
蕲州	河南江北	蕲州路总管府	至元十四年设录事司	蕲春	蕲州市	湖北
黄州	河南江北	黄州路总管府	至元十四年置录事司	黄冈	黄州市	湖北
庐州	河南江北	庐州路总管府	至元十四年置录事司	合肥	合肥市	安徽
和州△	河南江北	庐州路和州	至元十四年置录事司，二十八年并入倚郭县	历阳	和县	安徽
安丰	河南江北	安丰路总管府	大德元年二月庚申，安丰路设录事司①	寿春	寿县	安徽
安庆	河南江北	安庆路总管府	至元十四年置录事司	怀宁	安庆市	安徽
扬州	河南江北	扬州路总管府	至元十三年置录事司	江都	扬州市	江苏
真州△	河南江北	扬州路真州	至元十三年置录事司，二十年省入倚郭县	扬子	仪征市	江苏
滁州△	河南江北	扬州路滁州	至元十三年置录事司，十四年并入倚郭县	清流	滁州市	安徽
淮安	河南江北	淮安路总管府	至元十四年设录事司	山阳	淮安市	江苏
海宁△	河南江北	淮安路总管府	至元十五年置录事司，二十年并入倚郭县	朐山	海州镇	江苏
高邮△	河南江北	高邮府	至元十四年置录事司，二十年并入倚郭县	高邮	高邮市	江苏
中兴	河南江北	中兴路总管府	至元十三年置录事司	江陵	荆州市	湖北
奉元	陕西行省	奉元（安西）路总管府	元初置录事司	长安、咸宁	西安市	陕西
巩昌	陕西行省	巩昌路总管府	元初置录事司	陇西	陇西	甘肃

徽州	陕西行省	巩昌路总管府徽州	元初置录事司，至元三十年四月，罢徽州录事司⑤		徽县	甘肃
成都	四川行省	成都路总管府	至元初设录事司	成都、华阳	成都市	四川
嘉定	四川行省	嘉定府路总管府	元初置录事司	龙游	乐山市	四川
顺庆	四川行省	顺庆路	至元二十年设录事司	南充	南充市	四川
潼川△	四川行省	潼川府	元初置录事司，至元二十年并入倚郭县	郪县	三台	四川
长宁△	四川行省	马湖路长宁军	至元二十二年置录事司，后省入长宁军		双河镇	四川
重庆	四川行省	重庆路总管府	至元二十二年置录事司	巴县	重庆市	重庆
合州△	四川行省	重庆路合州	至元十五年置录事司，二十年并入倚郭县	石照	合川市	重庆
夔州	四川行省	夔州路总管府	至元十五年置录事司	奉节	奉节	重庆
中庆	云南行省	中庆路总管府	至元初置录事司	昆明	昆明市	云南
大理	云南行省	大理路军民总管府	至元十一年罢千户置录事司	太和	大理市	云南
杭州	江浙行省	杭州路总管府	至元十四年置四录事司，泰定二年并为左、右司；元统二年四月乙卯，复立杭州四隅录事司⑥	钱塘、仁和	杭州市	浙江
湖州	江浙行省	湖州路	至元十四年改总督四厢为录事司	乌程、归安	湖州市	浙江
嘉兴	江浙行省	嘉兴路	至元十四年置录事司	嘉兴	嘉兴市	浙江
平江	江浙行省	平江路	至元十四年置录事司	吴县、长洲	苏州市	江苏
常州	江浙行省	常州路	至元十四年置录事司	武进、晋陵	常州市	江苏

镇江	江浙行省	镇江路	至元十三年置录事司	丹徒	镇江市	江苏
建德	江浙行省	建德路	至元十四年置录事司	建德	梅城镇	浙江
庆元	江浙行省	庆元路总管府	至元十四年置录事司	鄞县	宁波市	浙江
衢州	江浙行省	衢州路总管府	至元十三年置录事司	西安	衢州市	浙江
婺州	江浙行省	婺州路	至元十三年置录事司	金华	金华市	浙江
绍兴	江浙行省	绍兴路	至元十三年置录事司	山阴、会稽	绍兴市	浙江
温州	江浙行省	温州路	至元十三年置录事司	永嘉	温州市	浙江
台州	江浙行省	台州路总管府	至元十四年置录事司	临海	临海市	浙江
处州	江浙行省	处州路总管府	至元十三年置录事司	丽水	丽水市	浙江
宁国	江浙行省	宁国路总管府	至元十三年置录事司	宣城	宣州市	安徽
徽州△	江浙行省	徽州路	至元十四年置录事司，二十九年七月丙寅，罢徽州路录事司⑥	歙县	歙县	安徽
饶州	江浙行省	饶州路总管府	至元十四年置录事司	鄱阳	波阳	江西
集庆（建康）	江浙行省	原建康路改集庆路	至元十三年置录事司	上元、江宁	南京市	江苏
太平	江浙行省	太平路	至元十四年置录事司	当涂	当涂	安徽
池州	江浙行省	池州路	至元十四年置录事司	贵池	贵池市	安徽
广德△	江浙行省	广德路	至元十四年置录事司，二十八年八月己巳，罢广德路录事司⑦	广德	广德	安徽

信州	江浙行省	信州路	至元十四年置录事司	上饶	上饶市	江西
福州	江浙行省	福州路	至元十五年置四录事司，十六年并为二，二十年合为一	闽县、侯官	福州市	福建
建宁	江浙行省	建宁路	至元十六年置录事司	建安、瓯宁	建瓯市	福建
泉州	江浙行省	泉州路总管府	至元十五年置二录事司，十六年并为一	晋江	泉州市	福建
兴化	江浙行省	兴化路	至元十三年置录事司	莆田	莆田市	福建
邵武	江浙行省	邵武路	至元十三年置录事司	邵武	邵武市	福建
延平	江浙行省	延平路	至元二十一年置录事司	南平	南平市	福建
汀州	江浙行省	汀州路	至元十五年置录事司	长汀	长汀市	福建
漳州	江浙行省	漳州路	至元十六年置录事司	龙溪	漳州市	福建
龙兴	江西行省	龙兴路总管府	至元十三年废城内六厢置录事司	南昌、新建	南昌市	江西
吉安	江西行省	吉州路改吉安路总管府	至元十四年置录事司	庐陵	吉安市	江西
瑞州	江西行省	瑞州路	至元十四年置录事司	高安	高安市	江西
袁州	江西行省	袁州路总管府	至元十四年置录事司	宜春	宜春市	江西
临江	江西行省	临江路总管府	至元十五年置录事司	清江	临江镇	江西
抚州	江西行省	抚州路总管府	至元十四年置录事司	临川	临川市	江西
江州	江西行省	江州路	至元十四年置录事司	德化	九江市	江西
南康	江西行省	南康路	至元十四年置录事司	星子	星子	江西

赣州	江西行省	赣州路总管府	至元十五年置录事司	赣县	赣州市	江西
建昌	江西行省	建昌路总管府	至元十四年置录事司	南城	南城	江西
南安△	江西行省	南安路总管府	至元十五年置录事司，十六年废	大庚	大余	江西
广州	江西行省	广州路总管府	至元十六年置录事司	南海、番禺	广州市	广东
南雄△	江西行省	南雄路总管府	至元十五年置录事司，二十九年一月，罢南雄路录事司⑤	保昌	南雄市	广东
韶州△	江西行省	韶州路总管府	至元十五年置录事司，二十九年一月，罢韶州路录事司⑤	曲江	韶关市	广东
惠州△	江西行省	惠州路总管府	至元十六年置录事司，二十九年一月，罢惠州路录事司⑤	归善	惠州市	广东
潮州	江西行省	潮州路总管府	至元二十二年置录事司	海阳	潮州市	广东
武昌	湖广行省	武昌路	至元十三年置录事司	江夏	武汉市武昌	湖北
兴国	湖广行省	兴国路总管府	至元十七年置录事司	永兴	阳新	湖北
岳州	湖广行省	岳州路总管府	至元十三年置录事司	巴陵	岳阳市	湖南
常德	湖广行省	常德路总管府	至元十四年置录事司	武陵	常德市	湖南
澧州	湖广行省	澧州路总管府	至元十四年置录事司	澧阳	澧县	湖南
天临	湖广行省	潭州路改天临路	至元十四年置录事司	长沙、善化	长沙市	湖南

衡州	湖广行省	衡州路总管府	至元十三年置录事司	衡阳	衡阳市	湖南
道州	湖广行省	道州路总管府	至元十四年置录事司	营道	道县	湖南
郴州	湖广行省	郴州路总管府	至元十四年置录事司	郴阳	郴州市	湖南
永州	湖广行省	永州路总管府	至元十四年置录事司	零陵	永州市	湖南
宝庆	湖广行省	宝庆路总管府	至元十四年置录事司	邵阳	邵阳市	湖南
桂阳	湖广行省	桂阳路总管府	至元十四年置录事司	平阳	桂阳	湖南
武冈	湖广行省	武冈路总管府	至元十五年置录事司	武冈	武冈市	湖南
全州	湖广行省	全州路总管府	至元十五年置录事司	清湘	全州市	广西
静江	湖广行省	静江路总管府	至元十五年置录事司	临桂	桂林市	广西
南宁	湖广行省	邕宁路改南宁路	至元十六年置录事司	宣化	南宁市	广西

资料来源:《元史·地理志》《元一统志》《元史·本纪》

注:△省录事司入倚郭州县的城市;①城址发生了转移;②济宁路总管府录事司于至正中移至济州任城,任城为倚郭县,今为济宁市;③《元史》卷14《世祖纪》;④《元史》卷19《成宗纪》;⑤《元史》卷17《世祖纪》;⑥《元史》卷38《顺帝纪》;⑦《元史》卷16《世祖纪》。

录事司作为城市行政管理机构,和长安县、咸宁县共同隶属于奉元路,奉元路行政管理机构和录事司行政管理机构均位于城市内部,直接管理城市,而管理城外乡村的两县的行政机构则位于城市外部。

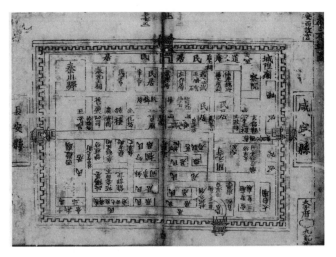

元代《长安志图》所载《奉元城图》

五、元大都的漕运与大运河

元代不仅规划建设了举世闻名的大都城，开发了漕粮的海运，并且在发展大都的水运方面也有重要贡献。

据《大元海运记》，至元十九年（公元1282年）八月，元世祖下令"海道运粮至扬州，罗壁等就用官船军人，仍令有司召雇梢碇水手，装载官粮四万六千余石，寻求海道水路，创行海洋，沿山求岙行使，为开洋风信失时，当年不能抵岸，在山东刘家岛压冬。至二十年三月，经由登州放莱州洋，方到直沽"。第一次海运，经历了七个月的时间才到达直沽（天津）。据《元史·食货志》，海运之道，自平江刘家港入海，经扬州路通州（今南通）海门县黄连沙头。万里长滩开洋，沿山而行，抵淮安路盐城县，历西海州、

148

海宁府东海县、密州、胶州界，放灵山洋投东北，路多浅沙，行月余始抵成山。计其水程，自上海至杨村码头，达一万三千三百五十里。《大元海运记》所讲路线，即《元史·食货志》所说海运第一条路线，沿用了大约十年。

至元二十九年（公元1292年），开新道。自刘家港开洋，至撑脚沙转沙嘴，至三沙、洋子江，过扁担沙、大洪，又过万里长滩，放大洋至青水洋，又经黑水洋至成山，过刘岛，至芝罘、沙门二岛，放莱州大洋，抵界河口（今海河口），其道径直。第二年，又开新道，从刘家港入海，至崇明州三沙放洋，向东行，入黑水大洋，取成山转西至刘家岛，又至登州沙门岛，于莱州大洋入界河。三条海道以第一、第三条比较平直，用时较短，这三条海道提供了不少沿海和海洋中的地名。嘉靖《山东通志》则详细记载了山东沿海海运的路线。关于海运路线，可参考"元代海运线路示意图"。中国东部沿海发展海运，历史悠久，到宋元达到繁盛期。沿海与海运有关的地名迅速增加。在全国总志，尤其沿海各省通志及府州县志，均记录了大量沿海各类地名。

金大定中在中都城北开了一条漕河，下至通州接连白河（今北运河），原拟开金口，引卢沟河（今永定河）为水源，可是卢沟河暴涨暴落，与通州高差也大，极易造成水灾，水源难以得到保证，使漕河徒具虚名。泰和四年（公元1204年），韩玉建言"开通州潞水漕渠，船运至都"，他考察设计，因功晋升二阶，并授同知陕西东路转运使事（《金史·韩玉传》）。同年"议开通州漕河，诏庆寿按视，

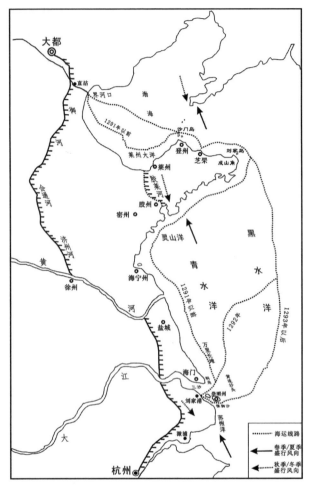

元代海运线路示意图（丁超 绘）

漕河成"（《金史·乌古论庆寿传》）。乌古论庆寿施工建设，完成漕河工程，金章宗赐庆寿"银一百五十两，重币十端"。《金史·河渠志·漕渠》也记载了"为闸以节高良（梁）河、白莲潭诸水，以通山东、河北之粟"。中都漕运成功了。

值得注意的是，《元史·郭守敬传》"大都运粮河，不用一亩泉旧原（源），别引北山白浮泉水，西折而南，经瓮山泊，自西水门入城，环汇于积水潭"文献中的"不用一亩泉旧原（源）"，引起后世学者的研究，像清代著名学者赵翼，当代学者王北辰、蔡蕃、吴文涛均提到了韩玉在这里所做的贡献。《元文类·都水监事记》"昌平之白浮村导神山泉，以西转而南，会一亩、马眼二泉，绕出瓮山后，汇为七里泺，东入西水门，贯积水潭。"这里也提到了一亩泉。一亩泉就位于北京西山（山后）下，赵翼批评郭守敬"不用一亩泉旧原（源）"，事实上是郭守敬"得其遗址而开濬之，遂独善其名"。

元代至元二十六年（公元 1289 年），开通南北大运河。为了上游水源的丰沛，至元二十八年（公元 1291 年），郭守敬提出上游水源的规划设想，自然是利用了瓮山泊及山后一亩泉水源，用郭守敬的话说就是"一亩泉旧原（源）"。从金末到元初，50 多年的环境演变，一亩泉在古代文献中仍时有记载。在上述两种文献中，均讲到了昌平白浮泉（神山泉）西转而南，汇一亩、马眼二泉，绕出瓮山泊，入西水门，汇于积水潭；下游与通惠河联系起来。在这里应该指出，金代后期的韩玉、乌古论庆寿、元初的郭守敬对金元之际开发中都、大都水源均做出了突出贡献。

总之，采用郭守敬的设计，由昌平引白浮、双塔等处泉水，通航条件有所改善，并改名为通惠河，这是京城运河的南线。此外，元代还有一条北线运河的坝河，和漕河情况相似，沿线有坝七处，称为阜通七坝，即由积水潭引水，东经钟楼到光熙门南出城，以下河道今天仍然存在。七坝位置也可复原，最西的千斯坝即在光熙门附近，门内街南则为占地颇广的千斯仓①。元代也曾经开凿金口河，漕运西山木石，但不久即停，因为卢沟河"流势湍急，沙泥壅塞，船不可行，而开挑之际，毁民庐舍坟茔，夫丁死伤甚众。又费用不赀，率以无功。"（《元史》卷66《河渠志》）

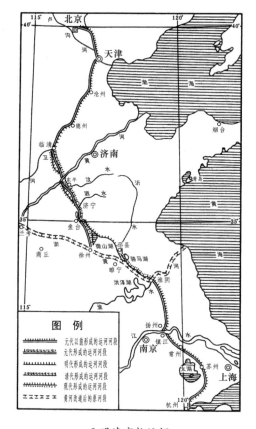

元明清京杭运河

① 蔡蕃：《元代坝河考——大都运河研究》，《水利学报》，1984年第12期。

元代不仅发展了京城附近的水运，为了取得南方的粮食供应，还修通了纵贯南北的大运河，其中一部分是利用隋代所开的旧有航道，即今天江苏淮阴以南和山东临清到河北和天津市的一段。隋时运河南北段的交汇点在洛阳以东的板渚，元代则在今临清与淮阴间取南北直线联系，开凿了会通河与济州河，会通河一段地形与水系都较复杂，闸坝工程花费较大，且河道时常浅涩，难胜重载。当时黄河已南迁至今江苏境内入海，徐州以南可利用一段黄河，淮阴以南则循过去航道，稍事加工而已。值得注意的是，为了加强南粮北运，在山东半岛两侧的胶州湾和莱州湾间开凿了胶莱运河，以避半岛东侧的风险，并缩短航程，但运输量小，收效不大，后来又被放弃。

　　以大都为中心的陆运线，可参考元人所编的《析津志》

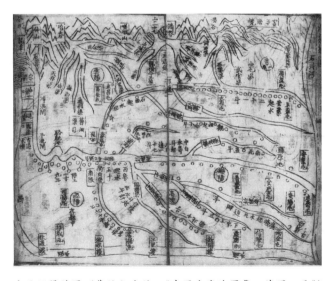

安西泾渠总图（曹婉如主编：《中国古代地图集：战国—元》）

中的《天下站名》一篇。这部书早已失传，后来又从其他书中将所转载的部分汇集起来，成为《析津志辑佚》一书，其中站名部分有的还记述了方位与里程，相当详细。

元代对地方水利建设同样十分重视，为发展农业开挖的渠道网络，也为中国地名留下了丰富的水利地名遗产。

六、明代两京及九边、九镇

元代晚期，政治腐败，社会混乱，阶级压迫与民族矛盾也日益加深，以朱元璋为首的农民起义军终于占领集庆路治（今南京市），并作为根据地，然后派兵北伐，最后取得全国政权。

朱元璋在取得集庆路后，尚未称帝，即改集庆为应天府，称帝后的洪武元年（公元1368年），朱元璋以应天府作为南京，第二年又开始兴建新城，这是今天南京市得名的由来。到洪武十一年（公元1378年）才改称京师。洪武年间规划建设的南京城也由宫城、内城和外廓城组成。外廓城周长60公里，设18门；内城周长33.7公里，开13座城门。南京之称是因为原来打算以北宋时的东京作为明的北京，后又放弃这一计划，所以南京又用京师称号。

从南京通达各地的交通路线很发达，在道路沿线同样留下了丰富的以区划地名、城市地名和关隘地名为主的交通地名遗产。

朱元璋死后，因为太子早亡，便传位给孙子朱允

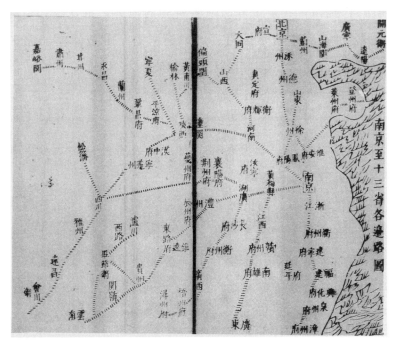

明代南京至十三省各边路图

（曹婉如主编：《中国古代地图集：明代》）

炆〔wén 文〕，即建文帝，这引起朱元璋第四子即坐镇北平
（元大都改名）的燕王朱棣的不满，他借口"清君侧"派兵
南下，攻入南京，夺取了政权。朱棣就是历史上所称的明
成祖，也称永乐帝。他的根据地在北方，所以即位以后仍
然回到北平，把北平改为北京，北平府改为顺天府。以后
北京的名称一直延续下来，仅在民国时期一度改称北平，
但习惯上仍称北京。

明成祖虽然迁都北京，但又不好一下子改变他父亲建
都南京的旨意，所以仍称北京为"行在"。行在又称为"行

在所"，是指古代皇帝外出临时所驻的地方，早在汉代就有这一名称，后来常常被沿用。如南宋迫于北方军事力量的南侵，将首都由汴梁（开封）迁到临安（杭州），即常称临安为行在，就是不忘旧都而以临安为暂时性的行都的意思。明代直到第六个皇帝明英宗正统六年（公元1441年）才罢行在称号，改称北京为京师，南京应天府的地位不变，与北京顺天府合称为两京。

明代北京与大都的城垣也略有不同：一则，北城墙南移约五里，由于受积水潭附近的地形影响，城的西北角成为斜角而不是直角，永乐迁都，为规划设计宫城与皇城的需要，南城墙也随之南移约二里，形成明清北京城的内城，周45里，建有城门9座。洪武中改大都安贞门为安定门，健德门为德胜门，永乐中改大都崇仁门为东直门，和义门为西直门，到正统年间修筑九门城楼之后改大都丽正门为正阳门，文明门为崇文门，顺承门为宣武门，齐化门为朝阳门，平则门为阜成门；二则，明代为加强京师的防卫，又在嘉靖年间，开始修筑环绕内城四周的外城，由于财政困难，仅修了南侧的一面，这就是后来所称的外城，形成"凸"字形。外城周长约16里。为方便城市管理，内、外城划分为东、西、南、北、中五城，其中外城即为南城。外城建有城门7个，分别取名永定、左安、右安、广渠、广宁、东便、西便，除广宁门改广安门外，至今地名仍在沿用。

明北京的中轴线沿用元大都时的中轴线。中轴线全长

7.7公里，由北向南设计建筑了钟楼、鼓楼、地安门、万岁山（景山）、紫禁城、午门、正阳门。中轴线是古都北京的中心标志，也是世界上现存最长的城市中轴线。

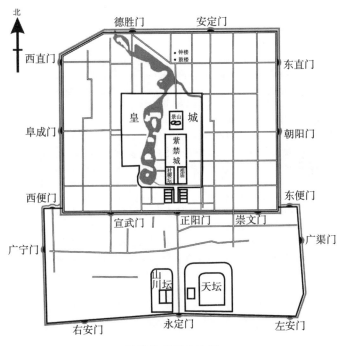

明清北京城平面图

五城之下，划分为坊。内城有南熏、澄清、明照、保大、仁寿、大时雍、小时雍、安富、积庆、明时、黄华、思城、南居贤、北居贤、阜财、咸宜、鸣玉、日中、河槽西、朝天宫西、金城、教忠、崇教、昭回、靖恭、灵春、金台、日忠、发祥29坊，外城有正东、正西、正南、崇北、崇南、宣北、宣南、白纸8坊，共计37坊。明北京内城东、西长安街以北街道胡同基本沿用了元大都城的街道胡同，以南则是新规划设计并命名。外城则基本没有经过规划设计，因此斜向街道占较大比重，而且名称也属自发形成。

从北京出发也形成了发达的交通网络，在道路沿线形成了以区划地名、城市地名和关隘地名为主的丰富的交通地名遗产。

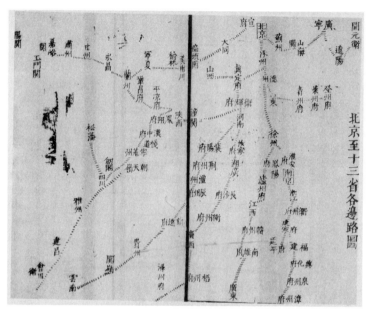

明代北京至十三省各边路图

（曹婉如主编：《中国古代地图集：明代》）

为了保卫京师安全，巩固北部地区的防务，明王朝在北部也花了很多年的时间，建筑了西起嘉峪关、东到山海关的绵延不断的长城。明代长城，至今还有很大部分存在，不存在的也有旧迹可循，一部分还是今天的旅游胜地，引起中外游人的极大兴趣。明代长城比秦代的长城短，在山西从黄河以东到今北京市区北部又分为内、外两条。为了保证明朝皇室的安全，在长城沿线的要冲地方都派重兵驻守，其中最著名的有居庸、紫荆（今易县西）、倒马（今满城县西）、雁门（今代县北）、宁武（今宁武市北）、偏头（今偏关县）等关，前三者称为内三关，后三者称为外三关。还应一提的是，山海关外明朝还建有很长一段长城，不过比较简陋，维持时期较短，起自山海关北，沿辽西走廊西侧东北行，到今阜新市东南，即改为东南行，直到今海城市西北的牛庄北又改向沿辽河东岸东北行，到今昌图县北又改向南行，直达鸭绿江北岸，通常称为柳条边。边墙以外原来向北直到今黑龙江入海口以北都是明的辖境，由于永乐帝南下争夺政权，把控制三卫（朵颜、福余、泰宁）的宁王迁往内地，放松了对这一地区的管理。

明王朝不仅在北部修筑长城，并且在沿线及附近设置了九个军事重镇，加强防御，各设巡抚以分巡各地安抚军民，并提督其地军务。《明史·兵志》说："东起鸭绿，西抵嘉峪，绵亘万里，分地守御，初设辽东、宣府、大同、延绥四镇，继设宁夏、甘肃、蓟州三镇，而太原总兵治偏头，三边制府驻固原，是为九边。"可见这九个边防区的中心皆叫镇，其中驻偏头（今偏关）的太原总兵有时驻于宁武所（今宁武市），所以这里也就成为山西镇的所在地。固原州即今宁夏的固原市，它可以向北支援宁夏镇（今银川），西北可以支援甘肃镇（今张掖市），东北可以支援延绥镇（也称陕西镇，今榆林市）。北为宣府镇在今宣化，大同镇在今大同市，蓟州镇在今迁西县西北三屯营，辽东镇则迁移次数较多，有辽阳、广宁（今辽宁北镇市）、山海关、宁远（今辽宁兴城市）等处，撤销也比较早。明代不仅在九边设置了巡抚，后又加设了三个总督，即蓟辽总督、宣大总督与陕西三边总督，但明朝政治腐败，冗员过多，即使是铜墙铁壁，又有何用，在明王朝覆灭之前，后金（后改为清）兵锋已经深入内地。

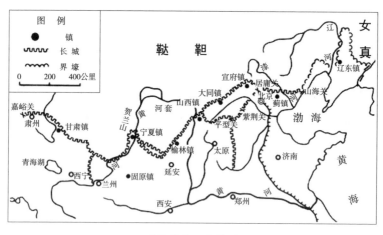

明代长城及九镇图

七、明代政区中的省府州县和都司卫所地名

明代建国以后，起初也曾沿用一些旧称，后来对元代的地方区划作了大的调整，省的名称改称为承宣布政使司。首都北京所直辖地区称为京师，又称北直隶。南京所辖地区又称南直隶，前者与今京、津及河北省范围大体相当，后者则相当于今苏、皖、沪的范围。两京以外，则划分为

山东、山西、陕西、四川、云南、贵州、广西、广东、福建、浙江、江西、湖广、河南等 13 个承宣布政使司。不过这个名称太长，习惯上仍合称为两京十三省，其中陕西大体包括今陕、甘、宁三省区，湖广包括今湘、鄂两省，山东隔海领有今东北部分地区，山西包括今内蒙古一些地方。川、云、贵三省间的界线与今也有一些差异，其他一些省的范围可以说与今已大体相同。此外今东北北部属奴儿干都司，西南今青、藏两地属朵甘与乌斯藏两都司。今内蒙古大部分为鞑靼与瓦剌活动范围，对明王朝时而臣服，时而侵扰。今新疆仍为元时察合台后王领地，其后裔不断分裂与混战，势力日衰，公元 1370 年建别失八里国，后受到瓦剌的侵扰，将统治中心由别失八里（今吉木萨尔），即唐时金满城，西迁到亦力把里（今伊宁市）。伊宁旧称伊犁，亦力也就是伊犁的旧译名。当时亦力把里也指其统辖的全部地区。

行省之下辖有府、州、县，府是元代路演变来的，府设知府，为一府长官，掌一府之政。其职"宣风化，平狱讼，均赋役，以教养百姓"（《明史·职官志》）。全国的府按税粮的多寡分为上、中、下三类；州是介于府、县间的行政单位，分省直隶州和府属州即散州。前者相当于府，设知州，为一州长官，后者相当于县，设知州但不设同知，没有属县；县是一级行政单位，地位重要，设知县，掌一县之政。据《明史·地理志》总序记载，明代政区划分为140 府，190 州，1138 县。但据《明史·地理志》的分项统计，万历后期，全国有 15 个省，159 府，20 个直隶州，235 个散州，1169 个县。因此明代后期拥有区划地名 1598 个。

前文提到"都司"一名，它是都指挥使司的简称，原是明代的军事机构，上属于五军都督府，分设于两京外的十三省以及大宁、辽东、万全等处，指挥使司之在京者称留守卫指挥使司。都指挥使司驻在地多与承宣布政使司（即省）驻地相同。另外有些省内还设有"行都指挥使司"，作为辅助。都司以下则辖有卫与所等。永乐中定全国都司二十一（包括行都司五），留守司二，内外卫四百九十三，千户所三百五十九。都司、卫、所本为军事性质的机构，与政区无关，但有些边境地区或少数民族地区，原缺行政机构或机构遭受破坏而不存，则往往由军区管理民事，这样军事机构兼管了土地与人民，拥有实际控制的地域范围和人口，不属所在州县，形成"实土"卫所，例如延绥镇总兵管辖延安、绥德、榆林和庆阳四卫，延安卫、榆林卫、绥德卫各领五所，庆阳卫领七千户所。除驻扎近边的 31 个城堡外，在榆林卫屯地还有"石涝池堡左所、田百户城右所、铁角城中所、麻地涧前所、水头儿、木瓜城后所、汝麻台、塔儿掌、威武亦各有分地"①，从而形成了城堡和屯地地名。因此，在卫所军人居住的城堡和军屯地方，形成了由延绥镇管理的驻扎军人和土地的片状实土②，因而也就

---

① 《延绥镇志》卷 2《钱粮上·屯田》，万历三十六年刻本。
② 舒时光、刘德英：《明代延绥镇、榆林卫辖境考述——兼论河套南部边界的变化》，《延安大学学报（社会科学版）》，2012 年第 1 期。

转化为政区性质的一种机构，所以在《明史·地理志》中也记载了一些都司、卫、所等名称。例如在今辽宁境内（时属山东）的沈阳中卫（今沈阳）、铁岭卫（今铁岭）、宁远卫（今兴城）、广宁中后所（今绥中）、抚顺所（今抚顺），在今宁夏（时属陕西）的宁夏中卫（今中卫）、灵武所（今灵武），在今青海境内的西宁卫（今西宁市）、归德所（今贵德）等。都司、卫、所一般都冠以所在地的政区名或地名，如上各例。

明代政区与元不同的除了废除路级外，还取消了州级的附郭县，但府的附郭县仍保留。附郭县也叫倚郭县，志书中往往在这样的县名下面注上"倚"字或称"附郭"。明代府治双附郭县有 14 对，即北京顺天府：大兴、宛平，西安府：长安、咸宁，成都府：成都、华阳，杭州府：钱塘、仁和，湖州府：乌程、归安，苏州府：吴县、长洲，绍兴府：山阴、会稽，南京应天府：上元、江宁，福州府：闽县，侯官，建宁府：建安、瓯宁，南昌府：南昌、新建，广州府：南海、番禺，长沙府：长沙、善化，嘉兴府：嘉兴、秀水。明代取消了一些附郭县，不仅简化了政区，也节约了开支。和元代相比，开封府、大名府、常州均变为单附郭县：开封府祥符县、大名府元城县、常州武进县，而嘉兴府治析嘉兴县置秀水县，因此明代只有 14 对双附郭县，是唐代以来双附郭县最少的时期。例如南京附近的和州、滁州、广德州以及稍远的徐州，都是与府同级的直隶州，皆无附郭县，至于属于扬州府的泰州、通州以及稍远属于淮安府的海州、邳州等，也都撤销了它们的附郭县如海陵、静海、朐山、下邳等。元代政区等级较多易混，明代政区与军区又往往纠缠不清，所以都比较复杂。

八、元明时期的土司与羁縻都司、卫、所

元明时期的土府、州、县和明代羁縻卫、所既是对唐宋羁縻州县的继承和发展，又是元明土司制度的产物。土司制度是元明乃至清代在西南少数民族地区分封各族首领，世袭官职，"以土官治土民"的制度。元代在西南边远地区授各族首领以宣慰使、宣抚使、安抚使、招讨使等官职，并在其管辖地区建置府、州、县，以土酋任知府、知州、知县，是为土官。因此，土府、州、县及土官是我国古代民族自治政策的产物，具有明显的进步意义。

明代土府、州、县等级建置和设官制度类似于中原府、州、县，只是知府、知州、知县及其佐贰官均由不同等级的民族首领充任，宣慰、宣抚、安抚、招讨、长官诸司为统辖各少数民族的专门机构。按《明史·地理志》记载，历明一代，有土府 19 个，土州 47 个，土县 6 个，宣慰司 11 个，宣抚司 10 个，安抚司 22 个，招讨司 1 个，长官司 169 个，蛮夷长官司 5 个，主要分布于湖南、广西、贵州、云南、四川等边远省区。

明朝政府除给予土府、州、县等各级土官以各种特权之外，为实行有效的控制，还采取了"流官辅佐"的办法，

收到一定效果。但土官承袭纠纷、争地仇杀、不服朝命、虐其属民的现象时有发生。明政府在完善土司制度的同时，开始实行改土归流，即革除土官世袭，以流官代替土官，使土府、州、县纳入地方行政系统。但由于土官势力甚大，改土归流在明代进展甚为缓慢。至清代中期，改土归流的速度才得以加快，至民国时期基本完成。

明朝在西南少数民族地区建置土府、州、县的同时，于东北、西北等地建置了羁縻都司、卫、所，以当地少数民族首领、酋长为都督、都指挥、指挥、千百户、镇抚等官，而由朝廷赐予敕书、印信，使各统部民，因俗而治。

在东北黑龙江流域女真居地，永乐时建置了奴儿干都司及130多个卫所。至正统后，在奴儿干都司属地置卫达384个，所4个，地面（明代东北女真居地的一种区划单位）7个，站7个，寨1个。明后期，奴儿干各卫先后被努尔哈赤建立的后金政权所统一。

在西北嘉峪关以西畏兀儿居地，明初先后设置了哈密、沙州（今敦煌）、赤斤蒙古（今甘肃玉门市西北赤金）、安定、阿端（今青海格尔木市西北）、曲先（今青海格尔木市西北）、罕东（今青海青海湖以东）七卫。明中叶后，日渐遭到破坏。

在川西和青藏地区的藏族居地，明初先后设置了乌思藏（今西藏大部）、朵甘卫（西藏东部、青海大部及川西）二都司及俺不罗（今西藏浪卡子）、牛儿宗寨（拉萨西南）等行都司，陇答（今西藏贡觉、昌都地区）、必里（黄河河源地区）、陇卜（今青海玉树北）等卫，及宣慰司 3 个、招讨司 6 个、千户所 17 个和若干万户府、军民元帅府等。

这些羁縻都司、卫、所的建立明显加强了各边远少数民族地区与明朝政府的政治、经济与文化联系，为中华一统帝国的最终形成打下了良好的基础。

九、元明一统志及其他地名要籍

随着地志的增多，提供地名资料的书籍也日益丰富。

元代官方所修的《大元大一统志》为后来明、清两代官修地方总志开创了先例。这部书先后修了两次，第一次从元世祖至元二十三年（公元 1286 年）开始编纂，到至元二十八年（公元 1291 年）完成。以后在元成宗大德七年（公元 1303 年）续修，又补充《云南图志》《甘肃图志》《辽阳图志》等资料，扩大篇幅，至大德中完成，达到 1300 卷。其内容是以政区为纲，分述其建置沿革，城郭乡镇、各路县到上都、大都的里至，山川，土产，风俗，名胜，古迹，寺观，祠庙，宦迹，人物等 10 余门，引用并保存了宋、金、元代初期旧志史料，也具有重要的地名价值。原书流传时间较短，至明代即已散佚。《玄览堂丛书续集》曾刊有残本 35 卷。近人金静庵又搜集整理刊有《大元大一统志》残本 15 卷，辑本 4 卷，赵万里也曾汇集校辑为《元一统志》7 卷。仅据校辑本提供的 300 余个地名资料来看，该书就从形象、传说、词义、史迹、因山因水、地形、物产、人物、方位、数字、因城镇、因乡村、语讹、避讳、气候、颜色、交通、祥瑞、年号、移民、民俗、民族等 20 多类解释了地名渊源，同时继承了"因山为名""因城为名""以乡为名""以泉得名"的地名命名原则。《大元大一统志》记载，录事司"本在城地，旧设四厢，以领民事。归附国朝之初，设四厢，至元十四年（公元 1277 年），改立录事司，以在城民户属之"。说明录事司是城市行政管理机构，与吴县、长洲县平行，隶属于路一级行政机构，在这里就指平江路。

《大元大一统志》玄览堂丛书续集本

明代官修的《大明一统志》由李贤等人撰写，历时三年，明英宗天顺五年（公元 1461 年）成书，共 90 卷，以当时的两京十三布政使司为纲，体例内容大体仿自上述元的总志，以府州分卷，叙述建置沿革、郡名、山川形势、土产、宫室、关梁、古迹等 21 门，书末还有一些海外国家的记载。在后来的刻本中，有些地方增加了以后的建置资料。不足之处，除与 119 卷《寰宇通志》内容多雷同外，还缺少一些重要关隘方面的资料，后人批评这本书"舛譌（讹）抵牾（相互矛盾），疏谬尤甚"，"并句读而不通"，但毕竟保存了许多明代资料，其中也包括大量的地名资料，特别是有一定数量的解释地名渊源的资料，还是相当可贵的。《元史·地理志》、元代地方志及朱思本的《舆地图》、《明史·地理志》、《寰宇通志》及日益增多的地方志和罗洪先的《广舆图》也提供了许多用以研究我国元、明时期地名渊源、地名沿革及地名命名规律的重要资料。

元、明两代也是我国与欧、非两洲接触更为频繁的时期，马可·波罗行踪及其游记即是证明。到了明代，有关欧、非两洲的地名记载，特别是对欧洲地名的记载，大为增加，这与郑和率船队七次远航以及欧洲人来华传教有关。《明史·郑和传》说："（郑）和七奉使，所历占城（在今越南南部）、爪哇（在今印尼）、真腊（今柬埔寨）、暹罗（今泰国）……锡兰山（今斯里兰卡）……忽鲁谟斯（在今伊朗）……木骨都束（今非洲索马里国都摩加迪沙）、麻林（今肯尼亚的马林迪）……凡三十余国。"关于各国的情况分别见于马欢的《瀛涯胜览》、费信的《星槎胜览》以及巩珍的《西洋番国志》。此外，郑和根据最后一次航程所绘的《郑和航海图》所记地名达到 500 多个，其在东非海岸的最南点为慢八撒（今肯尼亚的蒙巴萨）。郑和远航时间为 15 世纪早期，远在西方所谓"地理大发现"之前。这一支远航队伍只在所到之处与当地交换产品，从未占有别人一寸土地，这和后来西方殖民者的侵略行径是截然不同的。

最早来华并深入我国内地的欧洲人都是一些传教的耶稣会士们，其中最著名的是意大利人利玛窦。他在北京以朝贡为名，带来许多新奇物品，包括《万国舆图》，深得明帝的欢心，特许他在首善书院后建一经堂，开始传教。利玛窦传入的《坤舆图》及《万国图志》等，反映了地球为球形，并且划分为五大洲，即亚细亚、欧罗巴、利未亚（非洲）、亚墨利加（美洲）与墨瓦腊泥加（当时尚未明确的南方大陆）。当时关于欧洲各国的译名也与今天不尽相同，如意大利亚（意大利）、依西把尼亚（西班牙）、热而玛尼（日尔曼，指德国）、波而都瓦尔（葡萄牙）等。

阐释地名渊源、总结命名规律是我国古代地名研究的主要特征，到明代后期，则出现了专门解释地名渊源的著作《郡县释名》。该书是关于万历年间两京十三省及其所辖府、州、县名称来源的著作，作者郭子章（公元 1543—1618 年），做官达 40 年，"公辙迹半天下，凡过郡州邑城名，必审问之，久而成帙……集十五册"（郭孔延编《郭青螺年谱》）。郭子章阐释地名渊源，凭借文献资料，并注重实地考察，不穿凿附会，不囿陈说，多真知灼见。他以省为纲，以府、州、县为目，对 1411 个政区地名作了渊源解释，占当时全国 1583 个府、州、县政区地名的 89%，尤其对明代新置府、州、县政区地名的命名和诠释也做了大量工作，而且对区域地名特征、地名通名、异地同名、因水为名、地形地名、物产地名、美愿地名、人物地名、避讳地名、年号地名等传统地名学内容均阐述了自己的见解。总之，《郡县释名》是我国第一部大量诠释政区地名渊源和地名命名规律的重要地名著作。

《郡县释名》明万历四十三年刻本

《郡县释名》阐释地名渊源及地名命名规律举例如下：

释河南开封府临颍县，"颍乃一方之大川，故郡曰颍川，州曰颍州，而县曰临颍、颍阴、颍阳、颍上，皆取此水为名"。

释山西太原府榆次县，"晋地宜榆，故榆社、榆城、榆州、榆林率以榆名，不独榆次已也"。

释南直应天府，"明之府称天者三：高祖龙飞淮甸，故南都府曰应天；成祖靖难北平，故北都府曰顺天；世宗兴都入继，故易安陆曰承天。帝王规模，自是弘远矣"。总结了帝都取名于继承、顺应天意的规律。

解决重名地名的若干方法：释江西南丰县，"曰古徐州有丰县，曰南丰别于丰也"；释广东南雄州，"以河北亦有雄州，因加'南'以别之也"；释广东潮州府澄海县，"明嘉靖四十二年（公元1563年），海寇平置，取海宇澄清之意也，潮曰澄海，漳曰海澄，皆此意也"。

王士性（公元1547—1598年）是明代中后期的一位杰出地理学家，"性喜游历"，宦游全国各地，足迹遍及明代两京十二省，留下了不少精彩的游记，有《五岳游草》《广游志》《广志绎》等著作传世，其中含有大量地名记录和地名研究的内容，对地名沿革和地名渊源的解释尤为精彩。例如《广志绎》阐释地名：

> 山海关，京师左辅，而内外之限也。关以东，辽阳边路……是关，魏国所设。关以西，蓟、宣、大、延、宁、甘边路。
>
> 河间者，九河之间也。九河如徒骇、太史等。
>
> 河曲之地，取义于黄河一曲也。

关于集市通名，他总结："（江西）武宁有所谓常州亥者，初不知何谓，问之，乃市名。古人日中为市，今吴、越中皆称市，犹古语也。河南谓市曰集，以众所聚也；岭南又谓市曰虚，以不常会多虚日也；西蜀又谓市曰痎，如疟疾间而复作也。江南恶以疾名，止称亥，又可捧腹。"

《五岳游草·广志绎》中华书局整理本

还应一提的是，明代著名旅行家徐霞客（公元 1586—1641 年），在晚年深入大西南的荒僻山区进行考察，"以求知而探险"，在喀斯特地貌的研究方面做出杰出贡献。他所写的《徐霞客游记》是一部脍炙人口的地理名著，其中也

包括丰富的地名资料。他对地名通名的考订、地名渊源的

明末桂林城市复原图

探讨、讹误地名的更正、古今地名的考释、地名异称的记述和失载地名的补充等方面，都有重要的贡献。

例如一地多名的命名，广西桂林城东，"是山名老虎山，是洞名狮子口，以形也；又名黄鹂岩，以色也"。云南大姚县方山，"此方鼎之山，犹在金沙之南也，其山一名方山，象形；一名番山，以地"。对地名通名的考察，如徐霞客对农村集市的总结："贵州为场，云南为街子，广西为墟。"徐霞客于崇祯十年（公元 1637 年）游历桂林四十余日，留下了五万余言的桂林游记，记录了许多地名，根据这些地名，就可以恢复明末桂林城市的大体面貌。

第七章　清代的地名

一、清代的盛京与北京及城属

清政权兴起于今东北吉林省的中南部,此后在杰出领袖努尔哈赤的领导下,逐步统一了女真各部。努尔哈赤于明万历四十四年(公元1616年)即汗位于赫图阿拉(今辽宁新宾县境),后定国号为后金,即表示恢复过去金王朝的事业。随着军事的发展,又先后移都辽阳、沈阳。他逝世以后,由他的儿子皇太极继位,开始称帝。皇太极立志占有中原,想成为统一中国的皇帝。他改国号为清,改族名为满,称沈阳为盛京。他当政期间,不仅在辽西走廊建立了一些军事据点,并且在长城以北,征服了近边的蒙古各部,并多次派兵南下,远及山东等地,还包围过北京,明王朝当时已经土崩瓦解。他在位16年,死后由福临继位,后称为清世祖。他即位后的当年,即进军北京,取代了在京仅一个多月的李自成农民军政权,然后统一全国,建立

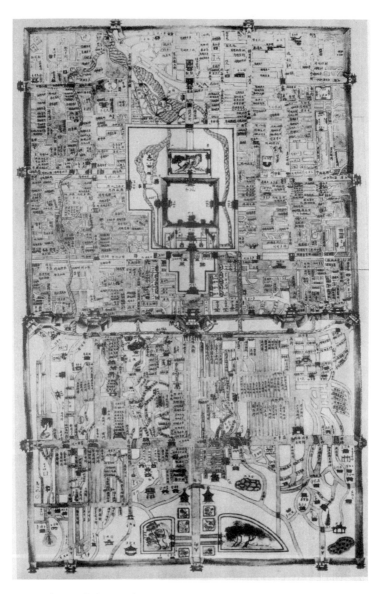

雍正北京城图（曹婉如主编：《中国古代地图集：清代》）

了历时两个半世纪以上的我国最后一个王朝。

清王朝仍以北京为首都，沿用明代京师顺天府的称号，以大兴、宛平县附郭，另以旧京盛京作为陪都，称奉天府，并置附郭的承德县。所以和明朝相似，清朝也有两京。京城包括宫城（紫禁城，筒子河环绕的故宫）、皇城（承天门即天安门、地安门、东安门、西安门以内的城区，包括宫城和宫苑区）、内城（正阳、崇文、宣武、东直、朝阳、德胜、安定、西直、阜成等九门以内的城区）以及明代所筑的前三门外的外城，当然城内名称有了一些改动。内城虽分为五城，但当时只限旗人居住，按方位列置八旗：镶黄、正黄、正白、镶白、正红、镶红、正蓝、镶蓝，以拱卫皇居，所以西方图籍中常称为鞑靼城，以后逐步允许汉人居住。外城则为汉族官民居住区。外城划分为五城，与明代五城划分不同。正阳门外为中城，其西为北城与西城，其东为南城与东城。清代时外城获得较快的发展。

清代北京城市的城属行政界线划定于雍正年间（公元1723—1735 年）。按照城市郊区是在行政上隶属于城市的城市外围地区，是兼有城市和田园双重职能与景观特色的过渡地带，是城市的重要组成部分的概念，这是我国古代封建王朝划定京师城市郊区行政界线的重要实践，同时也是清代出现的新的区划地名。

京师粮食供应一如明代，赖京杭大运河漕运，年额 400万石。在京杭大运河沿岸更形成了串珠状城市、乡镇、村庄、码头各类地名。

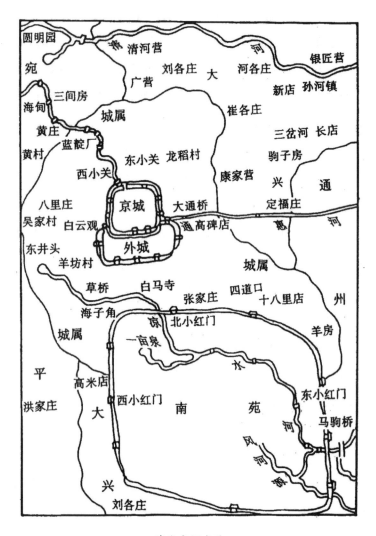

清代京师城属

二、京郊园林与承德离宫

　　清代对于京城西郊的园林建设也投入了难以计算的财

力与人力。康熙时在明代皇亲李伟的清华园旧址上修建了
畅春园，后来，康熙及雍正、乾隆、嘉庆先后在畅春园的
北面又修建了圆明园、长春园、绮春园（后改为万春园），
又在瓮山（后改为万寿山）、玉泉山和香山分别修建了清漪
园（今颐和园）、静明园和静宜园。此外还有属于皇亲国
戚、王公大臣们所有的一些其他园林：澄怀园、淑春园、
弘雅园、集贤院、鸣鹤园、镜春园、朗润园、睿王园（墨
尔根园）、蔚秀园、承泽园、西花园、治贝子园（农园）、
近春园、熙春园、自得园、一亩园等，瓮山泊也扩大成为
昆明湖，过去"每至盛夏之月……仕女骈阗，临流泛觞，

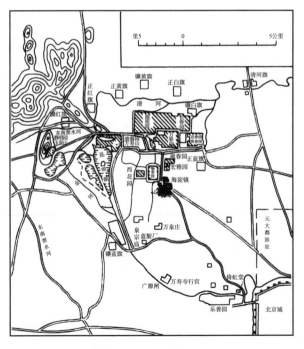

清中叶海淀附近诸园略图

最为胜处"（袁中道的《西山十记》）的风景区，已成为皇家的禁地。康熙及雍正年间，在北京内城宣武、阜成、西直、德胜、安定、东直、朝阳、崇文八门外，置有八旗驻防营房，形成了营房地名。在西郊蓝靛厂有火器营；在圆明园周围因驻防八旗，形成了镶黄、正黄、正白、镶白、正红、镶红、正蓝、镶蓝八个军事聚落，并最终按八旗方位形成了聚落地名。同样，在香山东麓，因有八旗健锐营兵丁及眷属驻扎，由北向南形成了正蓝、镶白、正白、镶黄（北、南、西营）、正黄（南营）、正红、镶红、镶蓝八个营房聚落，最终按八旗驻军方位形成了聚落地名。在北京西郊这一不甚广阔的地域里，保留了如此有趣的地名群，具有丰富的历史含义。西郊园林的兴起，在圆明园周围和香山地区出现了八旗驻防营地，进而形成了不少旗村：镶黄、正黄、正白、镶白、正红、镶红、正蓝、镶蓝。

北京城南的南苑，在清代也有了进一步的发展，增辟苑门，并修建行宫，其中以苑西南隅的团河行宫最为壮丽。清代也把南苑作为操练兵马的场所，在西红门内杀虎台和南红门的晾鹰台建阅兵场地二处，后又在旧宫之北增设神机营，共建营盘数十处。1900 年八国联军入侵北京，南苑也遭受严重破坏。值得一提的是，他处早已绝迹而这里尚有残存的一群麋鹿（四不像）也随之消失，直到 1985 年我国才接受英人所赠的 20 头，几乎全部安置在南苑新设的麋鹿自然保护区，因而大兴区的南海子又出现了麋鹿苑这一地名，并成为我国麋鹿生态研究的基地。

清代初期还在今承德兴建了热河行宫（或称承德离

宫），康熙帝给它起了一个雅名，叫"避暑山庄"。山庄内部的宫殿区位于东南隅，其他皆为苑景区，康熙与乾隆各题为三十六景，湖水以热河泉为源，西面、北面皆依山为垣，风光绮丽，景色清新。山庄东、北两侧，建有八处庙宇，都是仿自边疆与内地各地名刹形式，通称"外八庙"：溥仁寺、溥善寺、普乐寺、安远庙、普宁寺、须弥福寿之庙、普陀宗乘之庙、殊像寺等。承德以北的今围场县，过

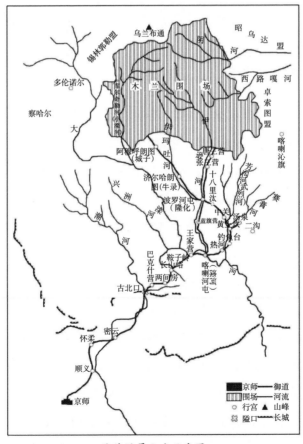

承德避暑山庄示意图

去即皇家的秋狝（打猎）之地，清代康熙、乾隆、嘉庆、道光、咸丰各帝每年大都到山庄避暑，到围场行猎。当然围猎也是练兵习武的一种方式，并且在这里也便于与蒙古上层人物取得联系，共同抵制北方沙俄势力的南侵。皇帝每年从北京赴承德山庄避暑并到围场行猎，途中建有行宫：从古北口东北行，依次是巴克什营、两间房、长山峪、鞍子岭、王家营、化鱼沟、避暑山庄（承德）、钓鱼台、黄土坎、汤泉、中关、十八里汰、蓝旗营、博罗河屯（隆化）、张三营、唐三营、济尔哈朗图（牛录）、阿穆呼朗图（城子）。

三、省府州县与厅、盟、旗地名

清代地方政区名称仍沿用明制，官方也曾采用承宣布政使司的名称，但习俗上都称为省，当然南京这一名称随着明亡而废除了，改为江南省，南京城改为江宁府，江宁与上元两个附郭县依旧。后来江南省一分为二，江苏以苏州府与江宁府为治所，安徽治所则为安庆府（今为市），与今苏、皖两省辖境相差无几。同样，由陕西分置甘肃，湖广则分为湖北、湖南。除甘肃包括今宁夏及青海的一小部分外，其他新设三省范围都与今者大体相同。与明代相比，清代已由 15 个省增加为 18 个省。就全国而言，清代所控制的范围比明代大。《清史稿·地理志》曾说："辟地至数万里，幅员之广，可谓极矣。"当时东北地区，远及外兴安岭，包括黑龙江出海口两侧及库页岛在内，北部边界在贝加尔湖南端附近，西到巴尔喀什湖西南；西藏的西界也远达克什米尔东部。光绪时，改建台湾、新疆行省，东北改建为奉天、吉林、黑龙江三省，共 23 省。又有内外蒙古、青海、西藏、察哈尔等特别行政区。

省下设府、州、县，也与明代一致。在省与府之间设道，上传下达，负巡查之责。清代的州也分直隶州与散州（属州）两种，和明代相同，但清代的散州下不统县，则与明代不同。以四川的巴州（今巴中市）为例，明、清皆属保宁府（今阆中市），都是散州，但明代巴州领通江与南江两县，而清代则无属县。保宁府的另一个属州剑州（今剑阁县）明代下辖梓潼县，清代梓潼县改属绵州直隶州（今绵阳市），也无属县。这是明、清两代政区中通名一样而内容却有差异之处。

据《嘉庆重修一统志》，嘉庆二十五年（公元 1820 年）与乾隆四十八年（公元 1783 年）比较，37 年间共减少 1 府，增加 8 直隶厅、2 直隶州、19 散厅、2 散州、13 县；全国共辖 18 省、182 府、67 直隶州、147 散州、30 直隶厅、26 散厅、1303 县，共计政区地名 1773 个。清末政区发生了较大变化，光绪十年（公元 1884 年），新疆建省，由原来的 1 府、1 直隶州、5 县增加为 6 府、2 直隶州、1 散州、8 直隶厅、1 散厅、21 县；取消伯克制。又经台湾、奉天、吉林、黑龙江建省，至 20 世纪初，全国共有 23 省、218 府、77 直隶州、127 散州、70 直隶厅、72 散厅、1353 县，政区地名共计 1940 个。另外内蒙古有 66 旗，外蒙古、新疆、青海也有不少蒙古旗的设置。（《清史稿·地理志》）

清代是府治城市双附郭县设置最多的时期，达到20对，即顺天府：大兴、宛平，西安府：长安、咸宁，成都府：成都、华阳，南昌府：南昌、新建，杭州府：钱塘、仁和，湖州府：乌程、归安，绍兴府：山阴、会稽，江宁（应天）府：上元、江宁，福州府：闽县、侯官，建宁府：建安、瓯宁，广州府：南海、番禺，长沙府：长沙、善化，嘉兴府：嘉兴、秀水，常州府：武进、阳湖，扬州府：江都、甘泉，大名府：大名、元城，松江府：华亭、娄县，宁夏府：宁夏、宁朔，衡州府：衡阳、清泉，奉天府：成德、兴仁；同时又出现了县治双附郭（更确切地说，应该是县治互附郭）县6对：昆山与新阳，青浦与福泉，常熟与昭文，吴县与震泽，无锡与金匮，宜兴与荆溪，其中福泉县自雍正二年（公元1724年）建置，自乾隆八年（公元1743年）废弃，只存在了19年时间。苏州府治双附郭县，因雍正二年析长洲县新置元和县，与原来的吴县共同形成了府治三附郭县：吴县、长洲、元和。由此可见，中国清代城市的迅速兴起和规模扩大，尤其是长江下游地区。

清代在政区通名中又多出了一个"厅"的名称，这是明代所未见的，是清代新设置的地方行政区，属地方行政机构。厅也有直隶厅与散厅二种，直隶厅与府及直隶州平行，直接隶属于省；散厅则与散州和县平行，隶属于府。其职官为同知或通判。厅一般设于边远的少数民族地区或内地一些情况复杂的地区，前者如雍正时期设在长城附近并控制口北广大地区的"口北三厅"，包括厅治在张家口的张家口厅、厅治在独石口（河北沽源、赤城间）的独石口厅与厅治在多伦诺尔（今内蒙古多伦县）的多伦诺尔厅，均直属于直隶省。雍正十二年（公元1734年）设置的丰川厅、镇宁所和宁硕卫、怀远所，到乾隆十五年（公元1750年），分别改设为丰镇厅、宁远厅。在热河地区，雍正十年（公元1732年），设八沟厅。乾隆年间（公元1736—1795年）先后设置了热河厅、四旗厅、塔子满厅、喀喇和屯厅、乌兰哈达厅和三座塔厅等。随着地方经济的开发与社会的发展，设置了承德府，所属各厅建制为平泉州、承德府、丰宁县、建昌县、滦平县、赤峰县、朝阳县等州县。在绥远地区，雍正元年（公元1723年）设置归化城厅，乾隆四年（公元1739年）设置绥远城厅。乾隆二十五年（公元1760年）设置了和林格尔厅、萨拉齐厅、清水河厅、托克托城厅。在吉林，嘉庆五年（公元1800年）设置长春厅。在奉天，嘉庆十一年（公元1806年）设置了昌图厅。在青海地区，乾隆中则先后设置了丹噶尔、巴燕戎格、贵德、循化等四厅。在北疆地区，哈萨克、厄鲁特、土尔扈特诸部则实行了札萨克制。乾隆以后，除设置府、州、县外，还设置了哈密、吐鲁番、伊犁、塔尔巴哈台、库尔喀喇乌苏等厅。

又如四川省西北部设松潘、杂谷（后改理番，今理县）等直隶厅，在东部设石砫〔zhù柱〕直隶厅（今石柱土家族自治县），都直隶于四川省。至于散厅则为数更多，仍以四川省为例，属叙州府（今宜宾市）的有雷波厅（今雷波）、马边厅（今马边），属雅州府（今雅安市）的有打箭炉厅（今康定），属重庆府（今重庆市）的有江北厅（今江北），属绥定府（今达县市）的有城口厅（今城口县）等，其中后二者与少数民族无大关系。清代在贵州境内所设的厅有一些是改土归流后设立的。"改土"指改变土司制，"归流"是指推行流官制。土司是一些少数民族地区的大小不一的土皇帝，虽然接受朝廷的封号，但他们世袭的统治权未变。归流则是指革除土司后，换上由上级委派的地方官。这一措施明代已经实行，到清代由云贵总督进一步推行。例如八寨厅（今丹寨县）、丹江厅（今雷山县）、都江厅（今三都水族自治县东部）、台拱厅（今台江县）、清江厅（今剑河县）等都是改土归流后设立的。云南省境内的威远厅（今景谷傣族彝族自治县）、思茅厅（今思茅县）等都是如此。到清代中后期，云贵川及青海仍存在一部分大小不一的（土）司，司是地名通名。

十八省外，陪都盛京辖奉天与锦州两府，下辖厅、州、县等，与内地大体相同，设内大臣、副都统及八旗驻防，内大臣后来又改称为镇守奉天等处将军。吉林、黑龙江将军辖境则与今范围差异颇大，吉林北部远至黑龙江口左侧并包括库页岛，黑龙江则北至外兴安岭。吉、黑之间界线也与今天有很大不同。嘉庆二十五年（公元 1820 年）吉林将军辖境划为五个副都统辖区，黑龙江将军辖境划为三个副都统辖区和呼伦贝尔的副都统衔总管辖区，事实上都是军事区划兼为政区。吉林将军驻地曾由宁古塔（今黑龙江省宁安）改到吉林，黑龙江将军驻地也曾由黑龙江城（原爱辉，在江东岸；后移西岸今黑河市南）迁到墨尔根（今嫩江），再迁至齐齐哈尔。

蒙古地区的内蒙古部分，称内札萨克蒙古，除察哈尔部曾附明抵抗遭受毁灭性打击，余部被安排在冀、晋两省长城外编为八旗驻牧外，其他各部各旗划分为哲里木、卓索图、昭乌达、锡林郭勒、乌兰察布、伊克昭六盟。所谓盟由各部、各旗约定于会盟地点共同商讨彼此之间的一些事务与问题而得名。这一名称在目前仍在使用，有的盟名也未改动，还设立了一些新的盟、旗。清代还有两个不设盟的旗：一个是阿拉善旗，一个是额济纳旗。准噶尔部首领噶尔丹称汗以后在沙俄支持下，不断向外侵略扩张，额鲁特部土地被占，其酋长率部逃到近边，"上书求给牧地，诏于宁夏、甘州边外划疆给之"（《清史稿·地理志》）。这就是阿拉善额鲁特旗的由来，今简称为阿拉善旗，也有人认为阿拉善一名是贺兰山的讹称。额济纳旧土尔扈特一旗原来牧地也在今新疆塔城附近，"明季为准噶尔所逼，往居俄境"，后来一部分人"入藏礼佛，准噶尔阻其归路，乃款塞乞内属，赐牧包尔腾，旋定牧额济纳河"（《清史稿·地理志》），定名为额济纳旧土尔扈特部一旗，所以额济纳旗的由来更为曲折。这两个旗在1949年以后都有了新的发展，阿拉善旗现分为左、右二旗，与额济纳共同组成新设的阿拉善盟，生产不断发展。其迁居俄境的其他土尔扈特部，居住在伏尔加河下游，备受沙皇苛待，后来在乾隆年间跋涉万里，回归祖国。

外札萨克蒙古由漠北、漠西蒙古诸部组成，包括外蒙古的喀尔喀土谢图汗部、札萨克图汗部、车臣汗部、赛因诺彦汗部等四部各旗，西宁办事大臣监督下的青海和硕特、土尔扈特、辉特等部各旗，科布多参赞大臣监督下的辉特、土尔扈特等部各旗，伊犁将军监督下的土尔扈特等部各旗。清代讨伐准噶尔的叛乱先后历经三朝，现在称新疆北部的盆地为准噶尔，也是因其地为准噶尔部活动的范围。

在新疆回部各城，仍实行"伯克"制度，长官称为阿奇木伯克，清末改为县行政。在西藏地区"其地有四：曰卫、曰藏，其东境曰喀木，其西境曰阿里，共辖城六十余"，事实上共辖大小 70 余城，均有城市名称，同时"量地大小，人之多寡，各设宗布木一二人，管理民事"（《嘉庆重修一统志·西藏》）。宗布木是行政单位"宗"的行政长官，"宗"是藏语音译，原意为城堡、营寨，转意指县一级行政单位，因此西藏实行"宗"的行政制度，它与县一样，也是地名的通名。

四、清代的满城及其名称

满城，顾名思义，就是满族人聚居的城市。清顺治元年（公元 1644 年），满族入关，定都北京并占据北京内城，按八旗方位布列八旗官兵及其眷属，使北京内城成为八旗官兵驻防和集中聚居的城市。因京师八旗以满洲八旗为主，

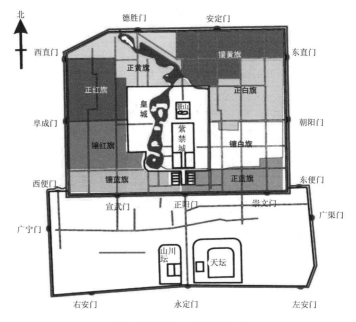

清代北京内城八旗聚居分布

所以北京内城可以视为清代中国第一个满城。

在清王朝统一中国的过程中，为镇压与防范汉族及各少数民族的反抗，或抵御外族的入侵，还不断地派遣八旗官兵驻防各地。在这一过程中，或圈占原有城池的一部分，或规划建设了新城池，以驻扎八旗官兵，与原汉人聚居的城市并存，因而被称为驻防城，俗称满城。而满城依托的原来以汉人为主的城市则相应地被称为汉城或旧城。至清代中期，仅畿辅地区就有大小满城24处：热河、密云、昌平、固安、采育里、张家口、喜峰口、独石口、古北口、沧州、保定、顺义、三河、东安、良乡、冷口、罗文峪、霸州、玉田、宝坻、雄县、山海关、永平、千家店。直省

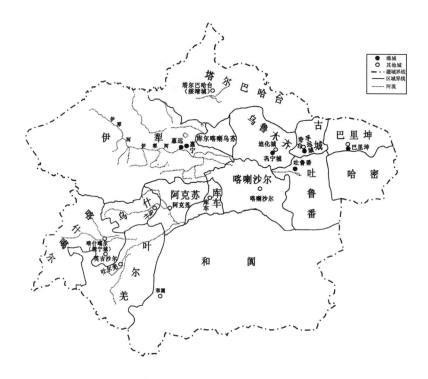

清代新疆满城空间分布示意图

地区共有满城 21 座：西安、潼关、宁夏、凉州、庄浪、太原、右玉、绥远、归化、开封、青州、德州、荆州、广州、福州、福州水师、江宁、京口、杭州、乍浦、成都。东北地区共有 44 处：兴京、辽阳、开原、宁海、盖平、广宁、抚顺、铁岭、巨流河、白旗堡、小黑山、间阳驿、锦州、义州、小凌河、宁远、中前所、中后所、熊岳、岫岩城、复州、牛庄、凤凰城、旅顺、吉林、双城堡、宁古塔、三姓、白都讷、阿勒楚喀、珲春、五常堡、打牲乌拉、富克锦、拉林、齐齐哈尔、墨尔根、黑龙江、旧瑷珲、呼伦贝尔、布特哈、通肯、呼兰、兴安。新疆地区的满城主要有惠远、惠宁、会宁、巩宁、广安、孚远、绥靖、永宁、阿克苏、叶尔羌、和阗、喀喇沙尔、英吉沙尔、徕宁、库车、哈密16座。

清代满城的突出特点：一是具有军事性质；二是经过规划设计；三是依托原有城市（东北与西北驻防城除外），因而满城取名皆为原有城市的名称，并无独立地名。随着八旗军制和驻防制度的衰落，尤其近代以来社会经济的巨大变革，满城居民成分和职能性质均发生了

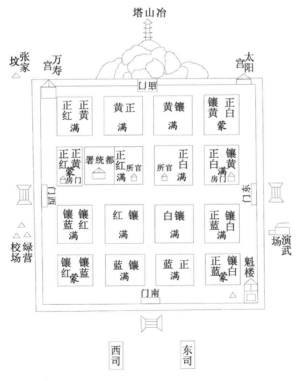

密云满城平面结构图

根本变化，并已发展成为原依托城市的重要组成部分，甚至发展成为现代城市的中心，为城市的规模发展提供了重要空间。

五、清代木兰围场的数字地名群

清代围场，即"木兰围场"，位于今河北省东北部，设立于清康熙二十年（公元 1681 年）。按《承德府志》："国语（按：即满语）：谓哨鹿曰木兰，围场为哨鹿之所，故以得名。"

木兰围场设置后，依其自然地理条件划分为大小 72 围。事实上，共有 79 围：色垗、呼鲁苏台、巴尔图、岳乐、珠尔、巴颜木敦、默尔根乌里雅苏台、巴颜郭、巴颜布尔噶（哈）苏台、温都尔华、鄂尔根郭勒、达颜德尔吉、毕图舍里、德尔吉、多们、布扈图（布胡图）、威逊格尔、阿济格鸠、锡拉诺海、噶（嘎）海图、巴颜喀喇、察罕扎布、固尔班锡纳、永安莽喀、伊逊哈巴奇、坡赍、巴颜锡纳、固尔班固尔班、喀喇楚固尔苏、爱里色钦、库库哈达、罕特默尔、塔里雅图、永安湃、布都尔、僧机图、英图（英图和洛）、们图阿鲁、图们索和图、哈达图扎布、西喇德卜苏（喇拉德卜色克）、巴雅斯呼查罕、库尔图查汗、额勒苏锡纳、额尔吉库哈达、鄂伦索和图、哈朗圭、珠尔噶岱、孟奎色钦、巴颜陀罗海、嵬集、浩赍郭勒、得勒鄂楞圭博、萨达克吐、明安阿巴图、喀喇玛拉哈、齐老图色钦、巴颜图库木、哈里雅尔、克勒（霍赖）、永安湃色钦、沙勒当、巴颜莽喀、崆郭勒鄂博、阿鲁布拉克、鄂勒哲依图查罕、扎喀乌里雅苏台、都乎岱、图尔根伊扎尔、珠尔罕乌里雅苏台、乌兰哈达、锡克尔、喀喇诺特海、库尔齐勒、卜克、索约勒集、诺郭台色钦、默尔根精奇尼、毕雅喀喇。（《钦定热河志》）

每行秋狝，只选取十几个至二十个围交替行猎，以保护野生动物的生息繁衍。自康熙二十年秋狝始开，至道光元年（公元 1821 年）秋狝礼废的 140 年间，共举行秋狝 110 次，其中康熙 48 次、乾隆 47 次、嘉庆 15 次。仅康熙帝一人在 40 多次围猎中先后在围场猎获虎 135 只、熊 20 只、豹 25 只、猞猁狲 10 只、麋鹿 14 只、狼 96 只、野猪 132 只、鹿数百只；又曾在一日射兔达 318 只。直到今天，在围场地区还保留着清代帝王当年围猎的许多遗迹、遗物、诗文碑刻等，显示了当年围猎的宏大场面和气势。木兰围场的设置，在当时是政治原因与自然地理条件有机结合的产物。

围场所在，自古以来就是"地当蒙古诸部道里之中"，"万里山河通远徼，九边形胜抱神京"的形胜之地，为中原经北京通往蒙古高原和东北平原及沙俄的交通要冲，战略地位十分重要。木兰秋狝的举行，不仅密切了清廷与蒙古和维吾尔族的联盟，加强了对北部边疆各部的管辖，而且胜利抵御了沙俄的入侵，巩固了北部边疆，客观上巩固了国家的统一。

围场的自然地理条件也提供了在此设围秋猎的理想场所，面积达 15000 余平方公里，派驻了满蒙八旗官兵，分驻 8 个营房与 40 个卡伦，严格守护。

清代中叶之后，随着围场焚伐森林、扑杀牲兽，及人口增殖、土地兼并，破产的河北、山东农民不断流寓到塞外，开始私垦围场界边土地。至光绪二十六年（公元 1900 年），因国家财政日拮，兵饷无着，专置放垦总局，制定放垦章程，扩大围场放垦规模。章程规定在放垦地区编立号码，令民领垦。大川宽平处，每十顷编为一号；山沟狭窄处，随地多寡每段另编一号。同时，除留设集镇公用地基外，于五里之内留一村基；每领垦土地一顷留宅基二亩。此次放垦经过三个多月，布敦（腰站）、夹皮川、孟奎、卜克（石桌子）、牌楼等五川 35 围地亩全部丈放完毕，共开放荒地达 2890 余顷，收押荒银 145100 余两。

日俄战争（公元 1904 年）后的政治形势和经济需求推进了围场的全部展放。据《围场县地名资料汇编》，光绪三十二年（公元 1906 年）围场全面放垦，各河谷川地均以 540 亩编为一号，放垦方法一如上述。至此，历经 180 余年、曾举行过 110 次秋狝的清代著名皇家围猎禁地，逐步开垦，使原来的"荒野之区，悉成田庐"。

伴随围场的放垦过程，人口迅速增加，光绪二年（公元 1876 年）设立围场粮捕同知及司狱，署名围场粮捕厅，简称围场厅。光绪二十五年（公元 1899 年）改粮捕厅为粮捕府。三十一年（公元 1905 年）改粮捕府为抚民厅。民国元年（公元 1912 年）设县，围场厅遂改名曰围场县。

值得注意的是，围场中心地区的村庄命名有一个有趣的现象。随着木兰围场三个阶段的放垦和人口的移居，尤其是第二与第三次放垦按一定量的地亩分佃编号、招民领垦设立村庄，从而形成了沿河谷、沟壑，自河口、谷口至上源顺序编号的村落群，呈串珠状分布。在今天大比例尺的该县行政区地图中可以异常清晰地看到这样的规律：在长度不同的河谷中数字地名的多寡存在明显的数量差异，沿大型河谷，如伊逊河上游自土城子至上源共编立了 85 个村庄，依次命名为××号；而其右支流编立了 80 个村庄，同样依次命名为××号；一条左支流仅编立了 18 个村庄，也依次命名为××号。在规模最小的谷地中编立的村庄仅有 4 个，依次为一号、二号、三号、四号。因自然地理条件的差异，沿不同河谷顺序编号的村落，分布疏密亦有差异。但总体上看这些沿河谷以序数命名的村落拥有下列明显特点：（1）集中分布于坝下阴河、乌勒岱河、伊逊河、伊玛吐河上游各支流及其沟谷中；（2）成村年代均集中在清光绪二十八年（公元 1902 年）至三十二年间；（3）村庄规模差异不大；（4）村庄的平面形态类似。这些以序数命名的村庄构成了串珠状数字地名群，反映了区域经济开发的历史和环境变迁的过程，生动地表现了区域地名特色，这在任何其他地方都是少见的。

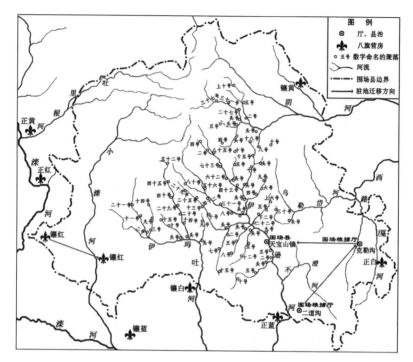

围场地区八旗营房与数字地名群的分布

六、清代后期的割让地与租借地

清代后期，国际国内形势都有了巨大变化。就国内而言，在康熙、乾隆的所谓盛世以后，吏治败坏，社会日益不安，阶级矛盾、民族矛盾日益加深。而东、西方列强的侵略势力，从陆、海两方面都指向中国，给中国各族人民带来极大的灾难，并最终把这个文明古国推向了半殖民地半封建社会的悲惨境地。

这一时期，由于东、西方列强的明抢暗占与巧取豪夺，中国失去了大量土地。到清末，全国领土划分为 23 个省和蒙古、青海、西藏三个地区，其中新设的省有奉天、吉林、黑龙江、新疆、台湾，不过台湾设省于光绪十三年（公元 1887 年），到光绪二十一年（公元 1895 年）即割于日本。那时省下仍设府、厅、州、县，不过在地图上却发现了一些前所未有或罕见的地理通名，简述如下：

1. 割让地。割让地指根据一些不平等条约所失去的领土，其中以沙俄所占的面积最大。

东部包括黑龙江左岸、乌苏里江右岸、兴凯湖南部及以南地区以及库页岛等地，共割去中国东北领土 100 万平方公里。因此，马克思说："实际上从海盗式的中英战争中取得实利的唯一强国是俄国。"恩格斯说：俄国"乘机向中国夺得面积等于法、德两国的领土和长度等于多瑙河的河流……"在精奇哩江（结雅河）下游的江东六十四屯被帝俄占领，他们大肆烧杀中国居民，把他们推入黑龙江淹死的时候，列宁痛斥帝俄的血腥屠杀，说："他们就像对待野兽一样向它猛扑，烧毁整个村落，把老百姓淹死在黑龙江，枪毙和残杀手无寸铁的居民及其妻儿。"（《中国的战争》，《列宁、斯大林论中国》）在这种情况下，中国古代命名的地名被帝俄地名取代。例如黑龙江更名为阿穆尔河，库页岛更名为萨哈林岛，海参崴更名为符拉迪沃斯托克，伯力更名为哈巴罗夫斯克，庙街更名为尼古拉耶夫斯克，海兰泡更名为布拉戈维申斯克等。

西部包括今新疆边界线以西、巴尔喀什湖以南直到葱岭西半部的大片领土以及西藏所属的克什米尔部分。清、俄之间的北面西段界线，依据雍正五年（公元1727年）所订的《恰克图界约》，原以萨彦岭作为两国分界，双方并立有界碑，可是沙俄侵略者却诡称两国边界在唐努乌拉山，并进行武装占领。在清末半个世纪，凶恶的沙俄从中国西北又夺去了53万平方公里的领土。

西南中印边界在英帝国主义的策划下，制造了非法的"麦克马洪线"，唆使印度政府长期占领中印边界东段的中国领土达9万平方公里。在中段，印度侵占了的桑、聪沙两地，包括巨哇、曲惹、什布奇山口、波林三多、香扎、拉不底、乌热等地，总面积2000多平方公里。在西段，印度政府竟然将33000平方公里的中国领土划入印度版图。

东南的海疆则失去了台湾及其所属的澎湖各岛以及被英国占领的香港岛等地。

2.租借地。近代以来，帝国主义列强以承租形式强占并直接统治中国沿海若干港区。外国人在我国最早的租借地为葡萄牙人所租借的澳门，那是远在明代嘉靖三十二年（公元1553年）的事，他们借口贡物受潮借地晾晒，在澳门登岸，并通过贿赂当地官吏，于嘉靖三十六年（公元1557年）被允许定居，并按时交纳地租。到了清代的第一次鸦片战争以后，葡萄牙乘清政府战败之机，驱逐中国官吏与海关人员，继而强占附近岛屿。

另一块租借地是英国在占领香港后又强迫租借对岸的九龙，接着又迫使清政府与其签订《展拓香港界址专条》，将界线扩展到深圳河以南及海上 200 多个岛屿，作为新租之地，称为"新界"，租期 99 年。

在外国人所占有的租借地中，以东北的旅（顺）大（连）租借地面积最大。东北地区一向是沙俄企图吞并的目标，未想到中日甲午战争后，日本竟获得了辽东半岛的统治权，这是沙俄所不能忍受的，于是沙俄联合德、法两国演出三国干涉还辽的一幕。不久在 1898 年即迫使清政府签订《旅大租地条约》及续约，并规定租借地以北划出一段隙地不得让于他国，也禁止中国军队随便出入。1904 年爆发了在中国领土上进行的日俄战争，结果，沙俄战败，辽东半岛又转到日本手中。旅大及以北的原租借地部分改称为关东州，半岛的其他部分则被称为中立地带。直到第二次世界大战以后，才由中国收回。

其他尚有法属的广州湾（在今广东湛江市）、英属威海卫租借地（在今山东威海市）、德属胶州湾租借地（在今山东青岛市）等，后二者附近都有面积很大的所谓中立地。这两处租借地，随国际形势变化，归还较早。

3. 租界。租界是指帝国主义侵略者用各种手法强迫被侵略国家在其通商城市中划出一些地区，由侵略者直接统治，这些地区也就是他们进行各种侵略活动的据点。清代晚期，东、西方列强在中国沿海沿江各通商口岸设置租界的有 10 多个城市，占有租界的国家近 10 个，由两个国家合租的称"公共租界"。独自占有的则冠以该国的国名。以上海为例，最早在道光二十五年（公元 1845 年），由英国在上海县城北黄浦江西岸设立租界，后又向西扩展。法国则在县城北垣外设法租界，后又沿城垣东、西两侧略向南延伸，后又向西扩展。美国则划吴淞口与黄浦江以北的大片地方为美国租界。后来英、法两国租界皆向西大为扩展，分别达到今静安寺与徐家汇等地，美租界也向东、向北延伸。后来英、美两国租界合并为公共租界。

天津租界设立在天津旧城的东南，沿海河两岸向东南延伸，县城东海河左岸为奥租界和意租界，偏南右岸为日租界，再下为法租界，再南西岸为面积最大的英租界，东岸为面积与英租界相近的俄租界，再向下右岸为德租界，左岸为比租界。

汉口的租界设在江汉关以下的长江左岸，依次为英、俄、法、德、日五国租界。

其他设有租界的地方还有福建的福州、厦门的鼓浪屿，广东的广州，江西的九江，江苏的镇江、苏州，山东的烟台，四川的重庆，浙江的杭州，湖北的沙市，安徽的芜湖与湖南的长沙等处。

还应一提的是，根据1901年的《辛丑条约》规定：北京天安门东南的东交民巷一带为各国使馆驻地，这里的行政、土地、警察、司法等法权统归外国使团所有，不准中国人居住与随便来往，并由外国军警严加防守。在国家的首都之内，竟然出现"国中之国"，这更是古今中外的一件罕事。

七、地名别称与地名积淀

我国历史悠久，政区变化复杂，古人云："言地理者，难于言天，何为其难也？日月星辰之度，终古而不易；郡国山川之名，屡变而无穷。"（王应麟《通鉴地理通释》序）。历史上的地名，不仅专名因时因地而不同，就是通名也随时代演替而变化。如隋代以前的州是一级地方政区，下辖郡、县，到封建社会后期，散州的州则地位与县相似；唐代的道是州、县之上的单位，到明清就成为省县之间的单位。扬州作为区域名称，曾为九州之一，范围大到包括淮水中下游以南直到东南沿海各地，到南朝陈时，所辖仅限于今南京附近几十个县，扬州治所扬变化也很复杂，以今地言之，主要有和县、寿县、南京、合肥等处，最后到隋代才移至今扬州。作为国家政治中心的京城，变化也非常复杂，如西晋时江南人曾称洛阳为北京（《晋书·张翰传》），刘宋时称京口（今镇江）为北京（《宋书·文帝纪》），这还不能算正式名称。北京作为正式名称，曾指北魏的平城（今大同），唐代的太原，宋代的大名，金代的临潢（前期）和大定（后期）等地。明初拟建开封为北京，后成祖即位，首都北移，改北平为北京，北京一名才指现在的北京。可见历史上同一地名，所指未必是一地，阅读古籍时必须注意这种变化。还应该注意，古人著述提及地名，往往用旧名或别称，为示古雅，如宋代范成大为他的家乡编写地方志，不名《苏州志》而名《吴郡志》，实际宋代政区已不用郡名；和他同时代的芜湖人张孝祥，自称于湖居士，文集称《于湖居士集》，也是用的古名。又如元人熊自得编的有关大都的志书称《析津志》，析津是辽代旧名，后来已改称大兴。还有采用更古名称的，如清人地理学家刘献廷自称"广阳子"，著作名《广阳杂记》，广阳是秦汉时期的旧名。

文人喜欢用别称、雅号，如明清人写北京的作品，有《帝京景物略》《长安客话》《春明梦余录》《天府广记》《日下旧闻考》《宸垣识略》《天咫偶闻》等，都不直说北京，就是为了表示博雅。古代北京，标准地名 26 个；除此之外，还有多种类别的衍生或派生地名。同样，讲南京，有人就宁愿用金陵、秣陵、建业、建康、白下、江宁、上元、应天、留都、南畿、石头城等旧名或别称。

其实地名作为古人的籍贯，也相当复杂。大体说来，先秦时期介绍籍贯，一般用国名，如孔子鲁人，孟子邹人，屈原楚人，邹衍齐人。秦汉时期，或用郡名，或用县名，后来多用县名。有些人写籍贯，愿意用旧名或雅号。如《晋书·陆云传》记载："云与荀隐素未相识，尝会（张）华坐。华曰：'今日相遇，可勿为常谈。'云因抗手曰：'云间陆士龙。'隐曰：'日下荀鸣鹤。'"日下是洛阳的代称，云间则指松江，诗文中屡见不鲜。这种崇尚古雅的风气在旧社会相当流行，甚至表现在名片上，如开封人自称大梁，武昌人自称沙羡，泰安人自称岱岳，遵义人自称播州。因此，如果遇到一名多地，就更要细加推敲，如中都，既可用于山西榆次和北京大兴，又可用于山东汶上和河北张北；古虞，既可指浙江上虞，又可指山西平陆或河南虞城。这种情况给阅读古籍增加不少麻烦。

金元时期，在城市隶属关系上，在京县之外，又设置了警巡院，"分领京师城市民事"，具有管理城市民事和籍贯意义。在府镇城市设附郭县之外，又设立了录事司"掌城中户民之事"，同样具有管理城市民事和籍贯意义。在防刺州城市除设有附郭县外，又设置了司候司，"领在城事"，同样具有管理城市和籍贯意义。

除写籍贯不用今名，用古名雅称外，还有用郡望，以表示出名门望族。如南齐著名学者祖冲之，史称范阳人，实际范阳在西晋灭亡时已非晋室领土，这用的是晋代祖约、祖逖的原有郡望。又如北宋的祖无择是上蔡人，但在嵩山题碑时却自署范阳人（见《徐霞客游记》卷一），范阳早属辽国，这用的也是祖氏的旧望。和他同游的寇武仲署上谷人，宋代无上谷政区，估计用的是东汉寇恂的郡望。这样，无怪有人说："言王必琅琊，言李必陇西，言张必清河，言刘必彭城，言周必汝南，言顾必武陵，言朱必沛国。其所祖何人，迁徙何自，概置弗问，此习俗之甚可笑者也。"（钱大昕《十驾斋养新录》卷十二）

地名是某一时期对于某一地方的命名。一名多地与一地多名往往是由时空变化而形成的差异，专名如此，通名亦如此。如果搞错了时间和空间的关系，则其解释必然有误，难以使人信服。今天地名很多都是历史上古代地名的遗留，有的地名至今还大体依旧，有的虽有变动，但还留有脱胎的痕迹，有的地名虽不存，却留下古城、古县、古州一类的地名，甚至早成废墟的遗址也会留下古城壕、古城滩及瓦渣地等名称，这都成为今人提供探讨古代城镇的重要线索，所以，利用当前的区域地形图仍然是研究历史地名的重要手段。

中国拥有悠久的历史，就积淀了大量的历史地名，正如清代人所说："疆域之分合靡常，陵谷之迁徙无定，郡邑有侨置，封国有假借，物产有盈绌，风俗有移易，或同名而异地，或昔是而今非，与夫轨迹所不经，情理所难囿，怪怪奇奇，纷纭胶葛，不可名状，差以铢黍，失之秦越，故曰难也。"清代人一方面道出了地名研究的难度，另一方面又反映了大量地名积淀的历史事实。

八、清代地名图书及地名研究成就

清代初期顾炎武编写出《天下郡国利病书》，顾祖禹也完成了《读史方舆纪要》。"二顾"的作品是我国古籍中的两大舆地名著，其中都包括大量的地名资料。《天下郡国利病书》的内容涉及农田、水利、盐务、矿产、交通以及兵防等各个方面，是这些方面的资料汇编，也反映出他自己在经世致用方面的一些看法。书中还有不少重点地区的附图。书中所载地名之多可想而知，有的地名还作了重点考证。书中对海外地名的叙述有一些讹误，如说佛朗机国在爪哇南，"苏门答腊国古大食也"等。《日知录》是顾炎武的又一重要著作，涉及较多地名学内容，在地名通名、异地同名（重名）、方位地名、地名辨误、地名用字、地名读音、地名定位等方面都有独到的学术见解。例如：

总结"史书郡县同名"规律说："汉时，县有同名者，大抵加'东''西''南''北''上''下'字以为别。若郡县同名而不同地，则于县必加一'小'字，沛郡不治沛治相，故书沛县为小沛；广阳国不治广阳治蓟，故书广阳县为小广阳；丹阳郡不治丹阳治宛陵，故书丹阳县为小丹阳。今顺天府保定县称小保定，宁国府太平县称小太平。后人作史多混书之而无别矣。"

解释四川地名渊源："唐时，剑南一道止分东、西两川而已；至宋，则为益州路、梓州路、利州路、夔州路，谓之川陕四路，后遂省文，名为四川。"

总结地名通名"里""图"的来源，《日知录·图》："宋时登科，录必书某县某乡某里人，《萧山县志》曰，'改乡为都，改里为图，自元始'；《嘉定县志》曰，'图即里也，不曰里而曰图者，以每里册籍首列一图，故名曰图'，是矣。"

顾祖禹的《读史方舆纪要》130 卷，附《方舆全图总说》5 卷，约成书于康熙三十一年（公元 1692 年），更被认为是一部地名沿革的名著。康熙初年，虽然内地划分为 18 省，但顾氏以明代遗民自居，该书的主体部分仍和《天下郡国利病书》一样，按明代 15 省分别叙述，前面的历代州域形势介绍各个朝代的境域范围和政区划分。书中所记地名达 3 万个，较《天下郡国利病书》为多，对绝大多数地名的方位、演变、发生的历史事件作了详细记述，对相当数量的地名作了渊源解释，对有些地名中的通名，也作了解释，例如对长城附近的地名解说曰："大道为关，小道为口，屯军曰营，列守曰砦。"又如解释"淀"字地名说："淀读曰殿，浅水为淀也。"类似这样的解释，还可举出一些。他又说："或地名相同而方域绝异，地名本异，而道里正同，千里毫厘，未尝敢忽也。"可见其对地名工作的重视。当然书中也难免有些小的讹误，例如把北魏时的桥山说成是西汉时的桥山，就是其中的一例。"二顾"都是明代遗民，所记内容也都止于明代。两书中都包括丰富的地名资料，列入地名要籍也是合适的。

继"二顾"之后，乾嘉学派考据学风的形成及地方志书纂修的盛行，推动了地名渊源和地名沿革及相关研究的空前发展，出现了一系列具有地名研究意义的著作，形成了我国古代地名研究的新高潮。这一阶段关于地名研究的代表著作有阎若璩《古文尚书疏证》《四书释地》，钱大昕《廿二史考异》，徐善《春秋地名考略》，胡渭《禹贡锥指》，蒋廷锡《尚书地理今释》，吴卓信《汉书地理志补注》，沈钦韩《左传地名补注》，赵一清《水经注释》，全祖望七校《水经注》等。

由于清代中期多次对西北地区用兵，所以边疆地理的研究也引起当时学术界的重视，出现了一批有关的作品，例如齐召南的《水道提纲》《蒙古五十一旗考》，英廉等编篆的《皇舆西域图志》，祁韵士的《西陲释地》《西陲要略》《藩部要略》，徐松的《新疆事略》《西域水道记》等一些包括众多边疆地名的书籍。

清代初期也出现了利用欧洲传教士带来的西方测量技术编制的地图。这些地图都深藏宫内，难以见到，后来才略有外传。到同治年间，由胡林翼、严树森等主持编制的《皇朝中外一统舆图》是流传较广的一部地图集。图中记载地名甚多，并在跋语中对一些边境及域外地区的一些通名作了解释。

此外，清代还出现了我国一部重要的地名辞典，即李兆洛等编的《历代地理志韵编今释》，此书编纂历时达16年，于道光十七年（公元1837年）完成。谭其骧先生认为"此空前之创著，与读史者以一大便利"。不过他也指出其不足之处，如所收地名仅限于正史地志所载，又仅限于郡、县、镇、堡名称，未包括其他地名与山、川、陵、谷等名称，在建置沿革方面也有一些讹误，并且"是以韵为编，于检寻上亦非便善之法也"①。所以这本首创性的地名辞典未能得到广泛的流传。此外，清人所编的《历代地理沿革表》（陈芳绩）、《历代沿革表》、《历代疆域表》（段长基）与《历代舆地沿革表》（龙学泰）等，虽然其中也有不少讹误，但仍有一定的参考价值。

《清史·地理志》《大清一统志》，各种地方志书、游

---

① 谭其骧：《长水集》（上），人民出版社，1987年。

记、考释等也含有大量地名记录和地名研究内容。按《钦定大清一统志》的记载，乾隆四十八年（公元1783年），内地十八省共辖有183府、65直隶州、145散州、22直隶厅、7散厅、1290县，共计政区地名1712个。如此众多的政区地名为新时期地名工作和地名研究奠定了重要基础。值得注意的是，秦汉以来的政区地名在不断增加，但仍保留了一定数量的古代政区地名，时间长达2000余年。

段玉裁的《说文解字注》则在《说文解字》的基础上把地名渊源和地名沿革的探讨，又向前推进了一步。

尤其应该注意的是，乾隆时傅恒等编撰了西北地区地名语源辞典《西域同文志》，它以满、汉、蒙、托忒①、藏、维六种文字相对照记述了天山南北及甘、青地区的地名、山名、水名及人名，而以汉字解说地名的语义。例如：

> 巴尔库勒：回语，巴尔，有也；库勒，池也。城北有池，故名。转音为巴里坤。

这一地名释例不仅说明了巴里坤的地名语源，而且也说明了它的语义，从而启发人们理解过去在民族杂居地区普遍存在的"一个地名因写法不同竟分为几地"的问题。显然这是一项地名规范化的工作，对加强民族交往、和睦

---

① 托忒：又译作"陶德"，为新疆维吾尔自治区的蒙古族使用的蒙古文，是17世纪时根据卫拉特（又作厄鲁特或额鲁特）方言特点，对原蒙古文稍加改变而成的文字。

民族关系具有很重要的意义。

《钦定西域同文志》文渊阁四库全书本书影

　　关于清代地名研究的论文可以查阅发表于《禹贡》半月刊第 3 卷第 8、9、12 期和第 4 卷第 3、5、11、12 期的《清代学者地理论文目录》，另外，华林甫根据谭其骧主编的《清人文集地理类汇编》统计了 341 篇地名考据的论文①，包括地名含义、地名沿革、地名渊源、地名方位、地名用字、地名读音考证，成果丰硕，值得阅读。

　　综上所述，我国古代的地名研究取得了许多成果，积累了宝贵资料，但从研究内容上来看，主要侧重在地名的

---

　　① 　华林甫：《中国地名学源流》，湖南人民出版社，2002 年。

记录、地名渊源的解释、地名沿革变化的研究以及对某些地名命名原则的总结和地名的规范化探讨等方面，而缺乏对地名问题的系统与综合性研究，故未能形成独立的地名学学科。这是我国古代地名研究长期附属于历史学、语言学和舆地学的结果。

鸦片战争之后，一方面西方传教士纷至沓来，开始介绍与翻译西方近代科学知识包括西方地名研究的成果与著作，对中国传统地名研究产生了一定影响；另一方面，帝国主义瓜分中国、掠夺我国神圣领土的罪恶行径，极大地激发了中国学者的爱国热忱及对祖国地理沿革和地名沿革研究的重视，尤其对东北、西北和西南广大边远地区疆域沿革及地名渊源与地名沿革的研究得到重视与加强。一大批胸怀报效祖国、维护国家主权和领土完整志向的爱国学者，或查阅典籍，披览历史文献，考察故实；或踊跃深入人烟稀少的万里边疆，考察访问，了解边地风土民情，搜集第一手资料，撰著了数以百计的边疆地理和地名研究的专著，形成了以"图志""图说"形式研究边疆地名的时代特色。这一时期，全国性地名研究的重要成果以杨守敬、熊会贞的《水经注疏》、《水经注图》及《历代舆地图》为代表；而边远地区地名研究的重要成果以张穆的《蒙古游牧记》，何秋涛的《朔方备乘》，曹廷杰的《东三省舆地图说》《东北边防纪要》，丁谦的《蓬莱轩地理学丛书》为代表。王锡祺以 20 余年时间编制完成的《小方壶斋舆地丛钞》收录清代地理著作 1400 余种，在更广阔的区域背景上展示了地理和地名研究的成果。这些集大成的舆地著作的完成标志着我国地理沿革和地名沿革研究至清末民初已达到了前所未有的高度，同时也为维护国家主权和领土完整做出了应有贡献，为进行爱国主义教育提供了生动教材。

第八章　民国时期的地名

一、北洋政府时期的地名变化

1911 年 10 月 9 日爆发的武昌起义，获得成功。起义的胜利，震动全国，短短的 20 天内，即有 10 多个省宣布独立。1911 年 12 月初，17 省的代表在南京开会，推举孙中山为临时政府的大总统。1912 年 1 月 1 日，孙中山宣誓就职，并以这一年为民国元年。后来，袁世凯窃取辛亥革命的胜利果实，袁世凯死后，由北洋军阀继续进行统治。

这一时期既称民国，当然在政区方面也相应地有所改变。所以和清代相比，二者颇多不同。

1. 首都北京废去了顺天府名称，依汉、唐古制改称京兆，其范围又略有改变。如南部划出文安、大城二县，东部划出宁河县，使京兆深处内地，并不滨海。北部划入长城外的今兴隆县的大片地方，改变了北部边界的凹凸形状。

2. 地方政区进行简化，废除府、州、厅等名称，实行省、县二级制。以江苏为例，过去省下划分为江宁、淮安、扬州、徐州、松江、苏州、常州、镇江八府，通州、海州、太仓三直隶州与海门直隶厅。现在一律改县，县名采用原来的州、县或附郭县名。采用附郭县名时，其附郭县有两个或三个的，仅保留一个。例如松江府改称松江县时，废去其附郭的娄、华亭二县，所属川沙厅也改为属省的川沙县。又如苏州府有附郭县三个，即吴、长洲与元和，改县时采用吴县，废去苏州、元和与长洲等名称。又如徐州府附郭县为铜山，改县后即用铜山作为县名。海州直隶州无附郭县，则用古名，称为东海县。

3. 省、县之间增设道。省、县二级制固然减少了政区层次，但统治者又感到省大、人众、县多，难以治理，县数在 100 以上的即有四川、直隶、河南、山东、山西等省，所以在民国三年（公元 1914 年），又在省、县之间加上道级，少者一省分为三四道，多者五六道，道的长官称尹。这样地方区划就改二级制为三级制了。以四川为例，全省分为五道，即西川道（道尹驻成都，下同）、东川道（巴县，即今重庆）、建昌道（雅安）、永宁道（泸县，今泸州市）、嘉陵道（阆中）。又如湖北省分为江汉（武昌）、襄阳（襄阳）、荆宜（宜昌）、施鹤（恩施）等四道。道的设立，造成了八处县与道重名的问题，需要改名。

4. 在少数民族人口较为集中的地区设立了四个特别区域，即绥远、热河、察哈尔与川边四处。其治所分别为归绥（今呼和浩特市）、承德（今承德市）、张北（今张家口市长城北，与今张北县不是一地）与康定。除川边分设边东、西二道外，其他皆一区域设一道。其中察哈尔区称兴和道，热、绥二区域道名与区名相同。

5. 选定一些居民点作为准备设县的县城所在地，在此设立的办公机构叫设治局。这样的机构实际上在清代已有萌芽。例如《清史稿·地理志》所载拟设宝清、勃利二州。到民国时期，因废去州级名称，所以即在当时的吉林省设置了宝清、勃利二县（今皆在黑龙江省）。又如清末宣统二年（公元1910年）试办呼玛设治局，宣统三年设武兴设治局（今分别为呼玛县与杜尔伯特蒙古族自治县）。到了民国时期，设治局大为增加，在黑龙江省境内即有10多处，其中设立不久即改县的有泰来、望奎、肇东、通北、萝北、林甸、漠河等；新增的设治局有铁骊（今铁力）、景星镇（今龙江县境内）、绥东（今绥滨境）、布西（今嫩江西南内蒙古境内）等。

6. 民国时期在推进我国地名规范化方面也进行了卓有成效的工作，主要是调整国内重名地名、更改一部分带有歧视侮辱少数民族性质的地名。

汉唐以来，就不断出现异地同名即重名现象：西汉 54 组、东汉 11 组、唐代 66 组、宋代 30 组、元代 25 组、明代 38 组，清代最多达 67 组。（钱大昕《十驾斋养新录》、俞正燮《癸巳存稿》、洪迈《容斋五笔》、王鸣盛《十七史商榷》、华林甫《论唐代地名学成就》）这些现象不符合地名规范化的要求，不便于社会经济生活，容易造成混乱。可能就是这个原因，我国早在唐代天宝元年（公元 742 年）就曾改地名"不稳及重名"者达 110 处。这是世界上最早出现的地名规范化工作，距今已 1270 余年。清代中期，为区别 60 余组重名县名，政府曾采用县印冠以省名的办法。

民国初，随着清代府、州、厅等行政建制的废止，县建置增多，进一步增加了原本即存在的县名重名的现象，使重名县达 133 个。例如，当时仅宁远县即多达五个，分布于绥远（今山西北部、内蒙古中南部）、奉天（今辽宁）、湖南、甘肃、新疆等五个省区。为了改革这种不便于地名管理、不利于国家社会生活及文化交往的混乱状况，民国初年，根据《内务部改定各省重复县名及存废理由清单》的规定，开始改动了一批县级重名地名，若包括与省、市、道、镇重复的地名共达 150 个。详见下表：

民国年间（公元 1912—1949 年）改动重名地名统计表

重名县名		改动后县名	改动年月	重名县所在省区	备注
直隶	西宁县	阳原	1914.1	广东、甘肃	
	祁县	安国	1914.1	山西	1913 年降祁州为祁县
	保安县	涿鹿	1914.1	陕西	1913 年降保安州为县
	龙门县	龙关	1914.1	广东	1960 年撤销，并入赤城县
	东安	安次	1914.1	湖南	
	广昌	涞源	1914.1	江西	
	安肃	徐水	1914.6	甘肃	与甘肃安肃道重名
	保定	新镇	1914.6	直隶	与本省保定道重名，1949 年撤销，与文安县合并为文新县，1950 年改名文安县
	唐山	尧山	1928.10	直隶	与本省滦县唐山镇重名，1947 年撤销，与隆平县合并设隆尧县
山西	永宁县	离石	1914.1	江西、河南、广西、贵州	1912 年 5 月废州为县
	宁乡县	中阳	1914.1	湖南	
	乐平县	昔阳	1914.1	江西	1912 年析平定县置
	凤台县	晋城	1914.1	安徽	1912 年废泽州存县
	太平县	汾城	1914.1	江苏、浙江、安徽、四川	1954 年合襄陵，改襄汾县
	岳阳县	安泽	1914.6	湖南	
绥远	归化县	归绥	1914.1	福建、贵州	1914 年置绥远特别行政区，1928 年建省
	宁远县	凉城	1914.1	奉天、湖南、甘肃、新疆	1954 年裁并入土默特旗
奉天	礼泉县	突泉	1914.1	陕西	今属内蒙古境
	奉天（承德）县	沈阳	1914.1	直隶	1913 年废奉天府置县，后改承德县
	宁远县	兴城	1914.1	绥远、湖南、甘肃、新疆	
	镇安县	黑山	1914.1	陕西	
	东平县	东丰	1914. 1	山东	
	广宁县	北镇	1914.1	广东	
	凤凰县	凤城	1914.1	湖南	
	怀仁县	桓仁	1914.1	山西	
	建昌县	凌源	1914.1	江西	曾改塔沟县

吉林	奉化县	梨树	1914.1	浙江	
	靖安县	洮安	1914.1	江西	1950 年改名白城县
	新城县	扶余县	1914.1	河北、浙江、江西、山东、贵州	
	临江县	同江	1914.1	奉天	
	长寿县	同宾	1914.6	四川	1929 年改延寿县
	吉林县	永吉	1929.9	吉林	与省名重名
黑龙江	大通县	通河	1914.1	甘肃	
	余庆县	庆城	1914.1	贵州	
	绥远县	抚远	1929.9	绥远	与绥远省重名
江苏	山阳县	淮安	1914.1	陕西	
	清河县	淮阴	1914.1	直隶	
	桃源县	泗阳	1914.1	湖南	
	太平县	扬中	1914.1	浙江、安徽、山西、四川	
	安东县	涟水	1914.1	奉天	
	华亭县	松江	1914.1	甘肃	
山东	新城县	桓台	1914.1	直隶、吉林、江西、贵州、浙江	
	海丰县	无棣	1914.1	广东	
	乐安县	广饶	1914.1	江西	
	宁海县	牟平	1914.1	浙江	
	兰山县	临沂	1914.2	甘肃	与甘肃兰山道重名
河南	开县	濮阳	1914.1	四川、贵州	
	唐县	沘源	1914.1	直隶	1923 年改为唐河县
	永宁县	洛宁	1914.6	四川	与四川永宁道重名
浙江	新城县	新登	1914.1	直隶、吉林、江西、贵州	1958 年并入桐庐县
	石门县	崇德	1914.1	湖南	1958 年并入桐乡县
	太平县	温岭	1914.1	山西、江苏、安徽、四川	
	嘉禾县	嘉兴	1914.1	湖南	
安徽	建平县	郎溪	1914.1	热河	1914 年置特别行政区，1928 年建省
	建德县	秋浦	1914.1	浙江	1932 年改至德县，1959 年合置为东至县
福建	永福县	永泰	1914.1	广西	

江西	德化县	九江	1914.1	福建、四川	
	兴安县	横峰	1914.1	广西	
	义宁县	修水	1914.1	广西	
	安仁县	余江	1914.1	湖南	
	泸溪县	资溪	1914.1	湖南	
	新城县	黎川	1914.1	山东、直隶、吉林、贵州、浙江	
	新昌县	宜丰	1914.1	浙江	
	永宁县	宁冈	1914.1	山西、河南、广西、贵州	
	龙泉县	遂川	1914.1	浙江、贵州	
	长宁县	寻邬	1914.1	广东、四川	
	建昌县	永修	1914.6	四川	与四川省建昌道重名
	庐陵县	吉安	1914.6	江西	与本省庐陵道重名
湖北	寿昌县	鄂城	1914.1	浙江	1913年曾改寿昌县
	兴国县	阳新	1914.1	江西	
	长乐县	五峰	1914.1	福建、广东	
湖南	安福县	临澧	1914.1	江西	
	永定县	大庸	1914.1	福建	
	乾县	乾城	1914.1	陕西	1953年改名吉首县
	兴宁县	资兴	1914.1	广东	
广东	新宁县	台山	1914.1	湖南、广西、四川	
	新安县	宝安	1914.1	河南	1979年改为深圳市
	西宁县	郁南	1914.1	直隶、甘肃	
	东安县	云浮	1914.1	直隶、湖南、四川	
	石城县	廉江	1914.1	江西	
	长宁县	新丰	1914.1	江西、四川	
	永安县	紫金	1914.1	福建	
	镇平县	蕉岭	1914.1	河南	
	长乐县	五华	1914.1	福建、湖北	
	海阳县	潮安	1914.1	山东	
	会同县	琼东	1914.1	湖南	1959年并改为琼海县
	万县	万宁	1914.1	四川	
	昌化县	昌江	1914.1	浙江	

	新宁县	扶南	1914.1	湖南、广东、四川	1951 年改为扶绥县
	永康县	同正	1914.1	浙江、云南	
	安化县	宜北	1914.1	甘肃、湖南、贵州	
	怀远县	三江	1914.1	安徽、陕西	
广西	永宁县	古化	1914.1	山西、江西、河南、贵州	1931 年改为百寿县，1952 年并入永福县
	永安县	蒙山	1914.1	福建、广东	
	南宁县	邕宁	1914.6	广西	南宁县系 1913 年废府改置，与广西省南宁道重名
	清溪县	汉源	1914.1	贵州	
	德化县	德格	1914.1	福建、江西	
	石泉县	北川	1914.1	陕西	
	东安县	潼南	1914.1	直隶、湖南、广东	
	定远县	武胜	1914.1	安徽、云南、陕西	
四川	太平县	万源	1914.1	安徽、山西、江苏、浙江	
	新宁县	开江	1914.1	湖南、广东、广西	
	东乡县	宣汉	1914.1	江西	
	大宁县	巫溪	1914.1	山西	
	怀柔县	瞻化	1916.4	京兆	1952 年改名新龙县
	开县	紫江	1914.1	直隶、四川	1930 年改名开阳县
	清平县	炉山	1914.1	山东	
	清江县	剑河	1914.1	江西	
	安化县	德江	1914.1	甘肃、湖南、广西	
	龙泉县	凤泉	1914.1	浙江、江西	1930 年改名凤冈县
贵州	平远县	织金	1914.1	广东、宁夏	
	永宁县	关岭	1914.1	山西、江西、河南、广西	
	贵阳县	贵筑	1930.10	贵州	1930 年设贵阳市重名
	归化县	紫云	1914.1	绥远、福建	
	安平县	平坝	1914.1	直隶、云南	
	新城县	兴仁	1914.1	直隶、吉林、浙江、江西、山东	

云南	定远县	牟定	1914.1	安徽、四川、陕西	
	南安县	摩刍	1914.1	福建	1929 年改名双柏县
	靖江县	绥江	1914.1	江苏	
	开化县	文山	1914.1	浙江	
	安平县	马关	1914.1	直隶、贵州	
	临安县	建水	1914.1	浙江	
	宁县	黎县	1914.1	甘肃	1931 年改名华宁县
	新兴县	休纳	1914.1	广东	1916 年改名玉溪县
	威远县	景谷	1914.1	四川	
	镇边县	澜沧	1914.1	广西	
	永昌县	保山	1914.1	甘肃	
	赵县	凤仪	1914.1	直隶	
	永康县	镇康	1914.1	浙江、广西	
	普洱县	宁洱	1914.6	云南	与本省普洱道重名，1950 年复改普洱县
	云南县	祥云	1929.11	云南	与云南省名重名
	广西县	泸西	1929.11	广西	与广西省名重名
	昆明县	谷昌	1945.1	云南	1935 年设昆明市重名
陕西	孝义县	柞水	1914.1	山西	
	怀远县	横山	1914.1	安徽、广西	
	三水县	栒邑	1914.1	广东	
	定远县	镇巴	1914.1	安徽、四川、云南	
	同官	铜川	1946.7	陕西	与本省潼关同音
甘肃	沙县	洮沙	1914.1	福建	1950 年并入临洮县
	安定县	定西	1914.1	陕西	
	宁远县	武山	1914.1	新疆、绥远、奉天、湖南	
	泾县	泾川	1914.1	安徽	
	安化县	庆阳	1914.1	湖南、广西、贵州	
	金县	金城	1919.8	奉天	
	永康县	康县	1929.4	浙江	
	平远县	镇戎	1914.1	广东、贵州	1928 年改名豫旺县，1938 年改名同心县
	海城县	海原	1914.1	奉天	
	宁夏县	贺兰	1942.3	甘肃	1928 年建省，与宁夏省名重名
新疆	新平县	尉犁	1914.1	云南	
	宁远县	伊宁	1914.1	甘肃、绥远、奉天、湖南	

经过民国时期，尤其是民国初年较大规模地整理重名县名，"中国就不再有重复的县名"，"省名、县名也不再有相同的情形，在名义上，我们的省、县名称，总算已经做到'一地一名'的地步"。[①] 在中国地名学史上，汉、唐、宋、元、明、清长期困扰的同名地名问题，最终得到了解决。

7. 我国是一个历史悠久、疆域辽阔、人口众多的国家，由于朝代更替、人事变动、民族迁徙等各种原因，自古以来我国地名命名及其沿革变化具有一定的复杂性，并形成了一地多名。以北京为例，在三千多年的历史进程中，北京就出现了大量的历史地名，包括各个时期的正名和一些别名。正名：蓟、燕、广阳、广有、伐戎、幽州、涿郡、范阳、幽都、蓟北、南京、燕京、永安、析津、宛平、燕山府、圣都与中都、大兴、大都、汗八里、北平、北京、顺天府、行在、京师、京兆，这些都应该是北京地方的正名。此外，还有许多别名，如：

①由蓟而衍生的地名：如蓟门、蓟丘、蓟苑、蓟城。

②由燕而派生的地名：如燕台、燕城、燕都、燕市等。

③沿用旧时都城称呼的地名：如长安、春明、日下等。

④与京有关的地名：如京华、京城、京邑、京国等。

⑤与都有关的地名：如都门、都城、都下、北都以及京与都合称京都等。1928—1948 年习惯上也曾称为故都。

---

① 金祖孟：《地名转译问题》，《新中华》（复刊），1945 年第 3 卷第 1 期。

⑥因封建皇帝居处而命名的地名：如帝里、帝城、帝州、帝台、帝乡、帝京、帝都、王城、皇州及宸垣等。

⑦与上类似而假借天神名义的地名：例如天都、天京、天阙、玉京以及神京等。

上述这些名称，大都见于古人诗文，毋庸注明来源并加以诠释。还应指出，这些名称还未包括曾是正式名称以后又转化为代称或别称的，累计起来，已经达到30多个。

西安历史地名如下：沣京（周）－镐京（周）－长安（汉）－常安（新、南北朝）－大兴（隋）－长安（唐、后梁、后唐）－长安（宋，又称"永兴军"）－奉元（元）－西安（明）－西安（中华民国）－西安（中华人民共和国），还有行政区划名：中州、内史、京兆、大安等名称。此外，还有历代的附郭县名，杜县、栎阳、新丰、常安、万年、异赤、长安、大兴、乾封、明堂、咸宁、大年、大安、樊川。

不管就正式名称而言，抑或就一些别称而言，京城过去的历史地名之多在地方城市中是首屈一指的。这些名称的变化频率很高，随着时间的演进与王朝的更替，简直像走马灯样，不断改变它的名称，并且借用形象化的比喻，它的变动幅度也很大，像北京不仅有中都和大都这样的等级差别，而且还有180度的大转变，居然能够由南京后来又转称北京，这样大相径庭的名称变化，也是罕见的。

二、南京国民政府时期的地名

北洋军阀垮台以后，执政的国民党改都南京，政区有一些更改，地名也随之有了一些变动。

1. 首都既移南京，则北京改称为北平，直隶省也改称为河北省，并入旧京兆所辖 20 县，以旧口北道所辖 10 县改属新设的察哈尔省，奉天省改称为辽宁省。

2. 增设宁夏省，以原属甘肃省的宁夏道所辖 8 县及阿拉善与额济纳（今内蒙古自治区额济纳旗）两旗合为宁夏省，省会宁夏即今银川市。又划原甘肃西宁道 7 县入青海，设立青海省，并以西宁为省会。

3. 改热河、察哈尔、绥远、川边四特别区为省，川边改名为西康省，并并入四川的原建昌道所辖部分属县。四省省会分别为承德、万全（今张家口）、归绥（今呼和浩特）与康定。

4. 实行省、县二级制，后来又感到统治指挥仍不方便，所以又在一部分省中，如苏、皖、浙等，推行行政督察区制，设立专员，介于省、县之间，起督察作用。以后又进一步推广。

5. 在当时南京及一些通商大埠人口稠密之地分别设市，其直属于行政院的称为直辖市（院辖市），即南京市、上海市、北平市、天津市、青岛市与西京市（西安）。其后续有增多。在抗日战争胜利以后的 1947 年，即有 12 个院辖市，除上述 6 个直辖市外，又增加了重庆、广州、汉口、哈尔滨、大连、沈阳和 57 个省辖市。市内所有的附郭县也都先后迁出城外，例如原在北京城内的大兴县与宛平县都迁到南郊。宛平县城是利用卢沟桥边明清时的拱极城，南京城内的江宁县也迁往城南的东山镇。

6. 随着人口的增长，各省区的辖县数也相应增加，设治局仍未废除，在某些边远的少数民族地区还在继续增加。除过去设治局较多的黑龙江省已在日本所炮制的伪满控制之下外，设治局最多的当推云南省，特别集中在滇西的少数民族地区。在 1949 年后的这些地区大都成为各兄弟民族的自治地方。如宁蒗［làng 浪］设治局现为宁蒗彝族自治县，贡山设治局现为贡山独龙族怒族自治县，潞西、盈江、梁河、瑞丽、陇川等设治局则都是德宏傣族景颇族自治州的属县。

7. 北伐时期也出现了一些别开生面的县名，例如：博爱、民权、平等、自由等，这些都是革命口号。博爱县治原为河南沁阳县的清化镇，过去反动势力横行，且常发生武装冲突，以致民不聊生，后爱国军人吉鸿昌来此安抚，使社会得以安宁，因而申请另设一县，以博爱为名，时在 1927 年。自由、平等二县也设于 1927 年，不过到 1932 年即合并为伊川县，现为洛阳市辖县之一。民权县设于 1929 年，治所在李坝集，是"划睢（县）、考（城）、兰（封）、宁（陵）四邑边地，于适中地点，添设县治"的。兰封、考城二县于 1954 年合并为兰考县。这几个县都设在河南，当时冯玉祥将军任省主席，也可反映出其思想的变化。

8.1928 年，国民政府开始部分地清理与更改历史上形成的带有歧视和侮辱少数民族性质的地名，只是规模不大。仅列举数例如下：

改甘肃平番县为永登县。

改甘肃镇番县为民勤县。

改甘肃抚彝县为临泽县。

改甘肃伏羌县为甘谷县。

改宁夏镇戎县为豫旺县，1938 年又改为同心县。

9. 更改以人名命名的地名。如：

为纪念张自忠改湖北宣城县为自忠县、为纪念国民党将领卫立煌、刘峙新置立煌与经扶（刘峙号）县等，均先后撤并或恢复原名。

三、日伪占领区的一些地名

1931 年 9 月 18 日日本军国主义在沈阳制造"九一八事变"，接着宣布伪满洲国成立。1933 年日本又指使内蒙古的德王在百灵庙（今达尔罕茂明安联合旗驻地）组织所谓的"蒙古联合政府"，包括山西的内长城以北即大同一些地方。由于蒙汉人民抗日力量的打击，这一阴谋未能得逞。

此后，日本侵略势力又进一步伸向华北，策动华北五省自治，在通县居然出现了包括顺义、平谷、怀柔、昌平、密云等22县的所谓"冀东防共自治区"。1937 年 7 月 7 日，日本侵略军炮轰宛平城与卢沟桥，中国驻军奋起反抗，是为"七七事变"。侵略军进一步扩大占领地，不久即导演了一幕伪中华民国临时政府成立的丑剧。1938年3月当选为国民党副总裁的汪精卫于当年12月自重庆叛逃投敌，在南京也搞了一个所谓的"维新政府"。后来两个伪组织合并，在南京成立伪中华民国政府。北方伪组织则改称为华北政务委员会。

实际这些伪组织所控制的范围只是一些重要交通线上的较大城镇而已，广大地区则早在人民政权的控制之下。伪组织也曾推行过道制。以今北京附近为例，曾设立过燕京道，包括大兴、宛平、房山、密云、香河、涿县等15县，当然这也同样是一纸空文。

至于设立较早的伪满洲国，包括旧时东三省及热河，划分为18省，伪都设于长春，改称为"新京"，伪省名及其变化如下（括号内地名为伪治所）：

安东省（安东）、间岛省（延吉）、牡丹江省（牡丹江）、奉天省（奉天）、东安省（东安）、兴安南省（王爷庙）、吉林省（吉林）、三江省（佳木斯）、兴安西省（大板上）、滨江省（哈尔滨）、龙江省（齐齐哈尔）、兴安东省（扎兰屯）、黑河省（黑河）、锦州省（锦州）、兴安北省（海拉尔）、通化省（通化）、热河省（承德）、北安省（北安）。

以上是1940年代初期的情况。安东市今为丹东市，东安在今密山市，北安即今北安市，王爷庙今为乌兰浩特市，扎兰屯亦已设市，大板上今称大板镇，为巴林右旗政府驻地。四个兴安伪省大体皆在今内蒙古。后来又并间岛、牡丹江、东安三伪省为伪东满总省（设治牡丹江），并兴安四个伪省为伪兴安总省（王爷庙），增设一个伪四平省（四平），把延吉市也改称为间岛市。我国从来没有这个名称，把这个外来的地名强加在我国的土地上，这是对我国的污辱，也是非法的。此外，日本侵略者还组织一些集团移民，在东北进行所谓拓殖，因而在中国辽阔的大地上，甚至出现了一些日本地名，如佳木斯南面的永丰镇被改为弥荣村的地名。

四、民国时期有关地名的一些著作

民国时期社会一直动荡不安，学术研究当然受到影响，不过西方学术思想与治学方法的传入，对学术界也有不少积极影响。随着报纸、杂志的增多，传统地名学研究成果所发表涉及地名的著作和论文还是不少的，不过作为地名学这一学科而言，仍处于萌芽阶段。

吕式斌的《今县释名》是我国历史上第二部阐释县地名渊源的专著，1931 年由北京恒和商行印行。全书以省为纲，以县为目，探讨县名的由来，共收"今县"1927 个，阐释了 1643 个，释名率达到 85％，稍低于《郡县释名》（89％）。从 30 余个类别即因水、因山、方位、物产、地形、气候、数字、对称、形象、词义、颜色、美愿、古国、旧邑、城镇、乡村、亭驿、堡塞、关塞、民族、史迹、避讳、人物、祥瑞、语讹、年号、移民、交通、文义、嘉名、土司、合成等揭示"今县"地名的渊源。例如：释黑龙江漠河县："光绪三十四年（公元 1908 年），拟设直隶厅，民国六年（公元 1917 年）置县，因漠河水为名。"释新疆尉犁县："光绪二十四年（公元 1898 年）置新平县，治罗布淖尔，民国三年（公元 1914 年）改今名，本汉尉犁国地也。"

在书中时有地名的考证和议论，如吕氏议论青海省门源县名的来历："民国二十年（公元 1931 年）置，浩门水所出，即大通河……按县名应作浩源为是。"显示了他对地名命名的见地。对未释名县名"姑从阙如"，作者毫不回避而且希望"应俟详加考证，再为补缀"。这种补缀工作当然包括作者和读者两方面的努力。

民国时期，阐释地名渊源的著作还有区域性的地名著作，如：丁锡田《山东县名之溯源》、陈铁卿《河北省县名考源》、贾树模《新疆地名释义》、刘介《广西县名考原述略》等。

值得称道的是，这一时期有了几本地名辞典的出版，其中以北平研究院刘钧仁所编的《中国地名大辞典》和商务印书馆出版的臧励龢等人编的《中国古今地名大辞典》比较著名。

刘钧仁长期浏览典籍，抄录古今地名，积累了大量资料，自民国十年（公元 1921 年）迄民国十五年（公元 1926 年），历时六载完成《中国地名大辞典》的编纂工作，于民国十九年（公元 1930 年）出版。该辞典"举凡国内古今地名变迁沿革，道里远近，俱甚详备"①，"郡县而下，凡城、镇、堡、塞，以及其余，无不备录"②，所载地名约计 3 万条。按北平中央研究院的出版说明，它有以下特点：（1）订正古书谬误；（2）详载新设地名；（3）特重边省地名；（4）记载力求详明；（5）搜罗至为宏富；（6）中西地名对照，方便中外人士检索。辞典所总结的地名渊源和命名原则"山南曰阳，河北曰阳，日光之所及也。我国各地命名，因于山川者居半；其他或以人物，或以方向，或以年号，或以休征（吉祥征兆，按：指地名命名寓托人们的吉祥意愿）；凡有源流，一一详载，务昭翔实"③，尤其值得注意，因此被称誉为"既可助史学之研究，复可供地名之参考，允称有价值之巨著也"④。然而"是书不详山名、水名"，是该辞典的致命弱点。

以下试举二例，说明《中国地名大辞典》地名解释的内容与特点。

刘公岛 [地名] 在山东威海卫城北，海中，旧为海军重镇，甲午之役，海军败绩于此，后与威海卫同租于英。

泰安 [今地名] 在山东省治南百三十七里，春秋齐

---

① 《中国地名大辞典》李煜瀛序。
② 《中国地名大辞典》翁文灏序。
③ 《中国地名大辞典》札记。
④ 《中国地名大辞典》李煜瀛序。

博邑。汉置博县……宋改奉符。金于县置泰安州。元因之。明省奉符县入州。清升府；兼置泰安县为府治。民国二年二月，裁府留县；三年六月，划属山东济南道。国民政府成立，废道，直属山东省政府。津浦铁路所经。境北泰山，为五岳之首，故名。

［府名］金置州，属山东西路，治奉符。元属中书省，治奉符。明属山东省济南府；省奉符入之。清升府，属山东省，治泰安，今废。

（按：以上词条摘引时均略去了罗马字母的译音）

由此可见，作者对所选地名词条的释文是富有特色的。值得提及的是，这部辞典后来由日本学者塩英哲增订补充，并增加若干附表，至 1980 年已由日本凌云山房以《中国历史地名大辞典》为书名出版。外国人办中国事，自然问题不少。

几乎与刘钧仁编纂《中国地名大辞典》同时，由陆炜士创议、谢冠生主编的另一部中国地名辞典，中途因故辍置一年之后，由臧励和等人以谢氏主编的前半部分为基础，继续编写，至 1931 年 5 月，由商务印书馆以《中国古今地名大辞典》的书名出版发行。该辞典的编纂自创议发起至出版发行历时近 10 年之久。全书收录地名约 4 万条，合计 250 多万字。所收地名"上起远古，下迄现代，凡吾国地名有为检查所需者，均参考群书调查甄录，于古则详其因革，于今则著其形要，上下纵横，古今悉备"（《中国古今地名大辞典·例言》），且以叙述地名沿革和地名方位为主要内容，言简意赅。姑举二例：

> 容州，唐置铜州，改曰容州，又改曰普宁郡，寻复曰容州，治北流，今广西北流县治。元和中徙治普宁，即今广西容县治。宋曰容州普宁郡，元为容州路，寻复为州。明省普宁入州，（民国）降州为容县。

> 泗水县，春秋时鲁卞邑，汉置卞县，后魏省。隋改置泗水县。明、清皆属山东兖州府，今属山东济宁道。

早在 1934 年年初，谭其骧先生即对当时中国的三部地名辞典作了对比性评述，称前者为"研究院本"，后者为"商务本"，认为《中国地名大辞典》比现存我国第一部地名辞典，即清人李兆洛的《历代地理志韵编今释》较为详备，检索词条亦较方便。然而"以山水名非地名，一概摒弃不录，最为此书缺憾。而又录入莫干山、牯岭，牵强可笑，即以地名而言，其缺漏亦多出人意料之外，如各省区名并不见录，最为怪异，岂以省区为非地名乎"。尽管如此，刘钧仁"以一人之力，费时六载，成此浩瀚巨著，其勤劳洵足令人钦佩"[①]。

同时，谭其骧先生认为，"商务本""自经始至出版，

---

① 谭其骧：《长水集》（上），人民出版社，1987 年。

历时十载，参与编辑者先后八人，故其成就实远在'研究院本'之上"。"所录地名约计近四万条，较'研究院本'多万余条。不入'研究院本'之山名、水名，此本一并搜录，相形之下，最见优长。编排之字划以多寡为先后，亦甚便利"。"姑无论山水名，即以地方名而论，此本所录，亦较'研究院本'为多"。可能因为这种缘故，60 余年来《中国古今地名大辞典》一直是一本有价值、受欢迎的地名工具书。但另一方面，谭其骧也指出了"商务本"的一些不应该有的脱漏，认为"单就地名大辞典应有规模而论，则此书未臻完善之处犹甚多"①。

1924 年，葛绥成等人根据当时的需要，编纂了《中外地名辞典》，至 1940 年，重新修订为收录中外地名达 2.5 万个的《最新中外地名辞典》，中、外地名之比为 3∶2。该书"论内容，就纵的方面言，自以现代为主，唯为便利读者了解近代沿革计，本国地名自元、明、清以来之州、府到县等，以及外国历史上之重要地名，亦均加叙录；就横的方面言，大而洲名国名，小而市镇关隘、盐场之名"。(《最新中外地名辞典·源起》) 为查阅方便，附有"西中地名对照索引"。

1927 年，"地名学"作为学科名词首次在由编辑主任黄士復、江铁主编的《综合英汉大辞典》中出现，"地名学"从西方传入中国。之后"地名学"在我国遂成为一门完善的学科。

1930 年，冯承钧编纂了《西域地名》辞书，收录 710

---

① 谭其骧：《长水集》(上)，人民出版社，1987 年。

中國古今地名大辭典

一畫

【一】

【女關】 在雲南洱瀕縣。《明史·地理志》：名「女關」。

【斗泉】 在河北房山縣西南上方山象王峯麓。其上多大石鐘乳。乳嚙水滴。後漢時華嚴禪師龍開此山。相傳嘗有毒龍闢此水滴。應而成泉。

【片石】 在河北臨榆縣北七十里。相傳明末李自成東攻吳三桂於山海關。以別將從一片石越關外。途入關。

【合堝】 在河南宜陽縣四。又作一全堝。亦曰一泉隖。晉永嘉中魏族子該築柴柵壘一泉隖。〔水經注〕洛水又東過隖南。南四距安豐鎮六十里。稍南爲三倉城在川北原上。

【禿河】 源出河北滿城縣賢麓。方廣一畝。故夷山中倉基諧之四。

【拉溪】 在吉林永吉縣四。

二畫 丁

【泡江】 源出雲南祥雲縣北梁王山。南流至九鼎山。歧爲三支。一南流曰萬花溪。下流爲白龍江。東流瀰爲青龍海合。折北爲一泡江。東北會你句河。又爲一泡江。明嘉靖元年。改一泡江。

【通雙陽縣】

【宿河】 在貴州廣順縣東從仁相倚。俗傳明建文帝入白雲山時宿於此。

【迷河】 見伊勒門河嶺。

【條山鎮】 在甘肅靖遠縣四北。

【棵樹鎮】 在遼寧遼海縣東南。

【都村】 在浙江淳縣北。

【一線天】 在江蘇吳縣西洞庭山。其外方向東斜下二支。廣傾容人。有洞穴深可二丈。○在浙江於潛縣之。楓林成林。秋時紅葉滿目。○在福建崇安縣武夷山中峯基諧之四。頂鐫玄磴二字。○在福建崇安縣武夷山中高僧孜菩寫感於此。洞中有漱玉一繞。洗心清泉。自洞外署稱一線天。

【丁山鎮】 即鼎山鎮。

【丁令溪水】 在甘肅成縣西北。〔水經注〕丁令溪水北出丁令谷。南遇武階城四。東南入潤水。源出泰州。南入龍潤東河郡古通陽水。清一統志。

【丁卯橋】 在江蘇鎮江縣城南三里丁卯港。晉元帝子裒鎮廣陵。遏惟晉元帝子裒鎮廣陵。遏愆水經丁卯橋。用丁卯之日。故名爲丁卯橋。唐建溪。四溪。沙溪三水之會口也。以

【丁吉牙城】 在四藏礼什倫布四百餘里。

【丁字水】 郎建溪。四溪。沙溪三水之會口也。以

《中国古今地名大辞典》正文

条西域地名，内容旁征博引，是西域历史地理辞书，也是冯氏长期研究地名的成果。这些辞书阐释了所收地名的用字、读音、沿革、变迁、方位、同名异地和一地多名等内容，推动了传统地名的研究和发展。

20世纪20年代之后，中国学者受到西方近代地名学理论和研究方法的影响，开始以近代地名学方法进行地名研究，发表了有关地名学的论著和地名研究文章数以百篇，成为我国地名研究的重要时期。

首先是地名考证，包括甲骨文、金文地名及中外地名考证。在甲骨文中辨识出的1100个地名中，王国维首开地名研究，有《殷墟卜辞中所见地名考》（《观堂别集》卷一）问世。随后，有一系列甲骨文、金文地名研究成果发表，主要有：余水梁《金文地名考》、谢彦华《金文地名表》、张希周《两周金文中古地名辑录》、曾毅公《甲骨地名通检》、柯昌济《殷金文卜辞所见国名考》、胡厚宣《卜辞地名与古人居丘说》、吴泽《甲骨地名与殷代地理新考》等。除此之外，《禹贡》半月刊也有一批古代地名考据的研究，即岑仲勉、冯承钧、钱穆对中外古代地名的考证研究，徐松石对地名结构即通名在前、专名在后的倒装地名及其分布的深入研究，均成绩卓著。

其次是地名学理论的研究。如葛绥成发表了《地名之研究》（《地学季刊》1935年第9卷第1期），金祖孟发表了《地名通论》和《地名学概说》[《新中华（复刊）》1945年第3卷第4—5期]，是我国最早以近代科学眼光来论述地名学一系列理论问题的几篇有价值的论文，标志着我国近代地名学的兴起。

1933年，为纪念《申报》创刊60周年，由丁文江、翁文灏、曾世英主编出版了《中华民国新地图》（申报馆出版），这是1949年之前记录地名最多的一部中国地图集，图的索引即达162页，这本地图集也是当时流行的许多图册的共同蓝本。清末民初人杨守敬所编制的《历代舆地图》和《水经注图》则是包括众多历史地名的重要图集，清末已经完稿，民国时更受到学术界的重视。

谭其骧先生主编的《中国历史地图集》八册，所载历史地名之多与考订之精确当然远在杨图之上。

《中华民国新地图》及由此衍生出的《中国分省新图》

我国是一个地名众多的大国，地名工作的任务十分繁重，地名工作者一定能够发扬兢兢业业的精神，把工作不断推向新的深度和广度，为国家的各项建设服务，为增进国内外人民之间的友谊服务。

后　记

　　本书的第一作者徐兆奎先生是一位学识广博、治学严谨而又虚怀若谷的良师和知名学者。1943 年初毕业于前中央大学史地系。先后在重庆沙坪坝南开中学、前中央大学、湖北师范学院、南京第六中学、广西桂林汉民中学、四川北碚实验中学任教，经历坎坷，备尝生活的艰辛。1951 年初任教于东北人民大学（今吉林大学）。1956 年秋入北京大学进修历史地理学。是年留校任教。此后几十年，他将自己的主要精力倾注于教学和培养学生，先后讲授中国区域经济地理、经济地理导论、外国地理、中国地理学、城市历史地理、中国历史地理研究法、中国地名研究法等本科生、研究生及留学生班的课程达 10 门之多。经常变化的课程和不断更新的教学内容，花费了这位博学学者的大量时间和精力。但他孜孜以求、默默奉献的工作不仅培养了芬芳桃李，而且造就了他一生与世无争的崇高美德，令后学深为敬仰。

教学之外的科研工作，以致力于集体项目为其数十年工作的又一特色。从 20 世纪 50 年代末参加侯仁之先生主编的《中国古代地理学简史》，到 20 世纪 70 年代合作编著《世界地理》，再到 20 世纪 80 年代以第一副主编身份参与主持《北京历史地图集》的研究编绘，勤勤恳恳，数十年如一日，他在集体科研工作中发挥了超常作用。

　　在繁重的教学和集体科研工作之余，徐兆奎教授应有关科研单位及学术会议邀请，写作了不少论文。在他个人看来，出自匆促赶写的论文不免有"讹误"之嫌，其实学界对他博洽的学识、精细的研究多所赞誉。其代表作有《清代黑龙江流域的经济发展》（北京商务印书馆，1959 年），《徐霞客名山游记选注》（中国旅游出版社，1985 年），《中国地名史话》（中共中央党校出版社，1991 年），《历史地理与地名研究》（海洋出版社，1993 年）。正值《历史地理与地名研究》文集出版之际，徐先生因长期积劳，住院治疗，历时月余。之后，中国文化史知识丛书将徐先生的《中国地名史话》收入该丛书，篇幅由五万字扩充为八万字，由我执笔完成。2003 年 8 月 16 日，徐先生病逝。后受中国国际广播出版社邀请，撰写中国地名演变的科普读物，遂由我对原书加以编排、整理、校订、扩充，并定名《中国地名史话》（典藏版）出版。这也算是对徐先生的纪念。

　　这本小书，在修订过程中，得到了丁超、吴炳乾、陈喜波、林玉军、王长松、贾宏辉、朱永杰、刘伟国、舒时光、王洪波、彭静杨、段蕴歆、韩昕岐等同学在校对、制图和计算机文字处理方面的大力帮助，他们付出了辛勤的劳动，在此表示感谢。并对中国国际广播出版社参与此书出版的各位同志表示感谢。

韩光辉

2012 年 5 月 29 日